智能文娱

泛娱乐思维与变革

刘婷婷 ◎ 著

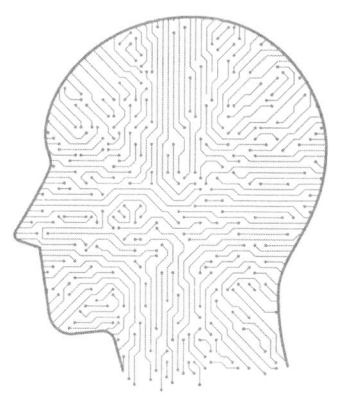

电子工业出版社
Publishing House of Electronics Industry
北京·BEIJING

前言

几百年前,《桃园三结义》在戏台上被演绎,成为人们茶余饭后的谈资;六百多年前,罗贯中写下《三国演义》,说书先生在街头巷尾、酒馆茶肆里广为传扬;二十多年前,《三国演义》被搬上电视荧幕,成为经典;今天,刘备、关羽、张飞出现在手机游戏里,被设定了武力值、智力值,任我们快乐地"玩耍"。

随着时代的变革和科技的进步,同样的故事在不同的时代有了不同的诠释。那么,未来这些故事又会以什么样的形式展现在我们面前呢?科技的进步推动着时代的巨轮急速前行,各种各样的新鲜事物如雨后春笋般涌现出来。

智能手机、智能家电、智能物流、智能医疗、智能城市……当我们睁大眼睛,如孩童一般看待这个世界时,便会惊奇地发现它变得太快了。如今,人工智能时代已经到来,各行各业仿佛在一夕之间便被赋予了新的生命。

那么,当人工智能与文娱行业相遇时,又能擦出什么样的火花呢?时代的巨幕在徐徐拉开,一个新的"独角兽"已经初露峥嵘。让我们跟上时代的脚步,站在时代的前沿,去看看智能文娱展现出来的壮美蓝图和光辉前景吧!

在本书中,笔者将根据自身多年的从业经验,由浅入深地详细介绍智能文娱,让读者充分了解人工智能可以为文娱行业带来什么、如何改变文娱行业的格局、其会为人们带来哪些新的机遇和挑战,以及由智能文娱衍生出来的新理念和新思维。

本书具有四大特色:第一,内容全面。笔者在文娱行业浸染多年,有丰富的经验,能通过自身的感悟,从各个方面、各个角度为读者详细阐述人工智能为文娱行业带来的变化。第二,案例新颖。本书选取的案例既有代表性,又有前瞻性,生动而鲜明,能让读者耳目一新。第三,可操作性强。笔者在写作的过程中,本着由浅入深、深入浅出的原则,循序渐进地展开讲解,以期让读者能有所体悟,找到自己的发展方向和目标。第四,数据分析和图表多。笔者在本书中列举了可靠的数据,添加了精美的图表,以增强说服力和权威性。

本书分为认识篇、实践篇、运营篇。

在认识篇中,笔者主要介绍了智能文娱的由来与发展近况、人工智能为文娱行业带来的各种新变化，以及智能文娱未来的发展前景。

在实践篇中，笔者主要介绍了智能文娱的各种核心科技、智能文娱项目的设计方案和流程，以及智能文娱的创意来源。

在运营篇中，笔者主要介绍了智能文娱的新思维、营销策略，以及人才梯队建设。

笔者希望通过对智能文娱方方面面的阐述，为文娱行业的从业者和创业者、文娱企业的管理者揭示新的发展方向和发展趋势，以抛砖引玉，帮助大家及时调转方向，调整策略，攫取科技的红利，成为时代的"弄潮儿"。

目 录

认识篇

第1章 智能文娱：人工智能时代新一波红利 / 3

从泛娱乐到智能文娱 / 3
科技到底为文娱带来了什么 / 7
智能文娱的超级商业生态 / 12

第2章 智能文娱会带来哪些改变 / 17

科技、文娱跨界融合催生智能文娱新经济 / 17
新经济、新格局、新挑战、新机遇 / 21
创意时代到来 / 28

实践篇

第3章 智能文娱核心技术 / 33

创新编程 / 33

智能美陈 / 37

沉浸式视听体验 / 42

交互式创意空间 / 46

AR/VR/MR/XR 技术综述 / 48

智能传感技术 / 55

第4章 智能文娱项目的各类设计 / 59

超级 IP 的开发：影视、游戏、展览、乐园联动 / 60

智能文娱主题空间设计 / 65

线下用户体验流程设计 / 68

线上、线下联动的智能文娱体验 / 73

轻量化发展的智能文娱设计理念 / 77

消费级应用新理念 / 81

第5章 智能文娱的创意来源 / 83

创意来自文学、艺术和科学等多方面 / 84
原创内容与非原创内容 / 87
专业生产内容 / 91
用户生产内容 / 96
机器生产内容 / 99

第6章 构建下一代智能文娱 / 103

智能文娱时代的"ABC" / 104
基于区块链与物联网的超级智能文娱 / 108
泛娱乐化的人工智能 / 112

运营篇

第7章 智能文娱的运营思维 / 123

超级制片人思维 / 123
用户思维 / 128

设计思维 / 131

品牌思维 / 135

服务思维 / 139

差异化思维 / 142

整合营销思维 / 146

竞争思维 / 150

第8章 智能文娱的变现之道 / 155

打造平台型公司 / 155

内容消费及增值服务 / 160

场景娱乐的两大模式 / 164

整合营销之道 / 164

零售型模式的生意经 / 167

数据的价值 / 170

智能文娱与校外教育 / 174

第9章 智能文娱的人才梯队建设 / 179

超级制片人 / 179

超级策展人 / 183

超级游戏架构师 / 186

超级艺术家及超级工程师 / 191

认识篇

第 1 章

智能文娱：
人工智能时代新一波红利

智能文娱是人工智能与文娱行业相融合所衍生出的新概念，是文娱行业的大趋势，在不久的将来很可能以井喷之势迅猛发展，推动文娱行业发生深刻的变革。在文娱行业发展的关口处，一个新的契机已经初见端倪。为此，文娱行业的从业者应该欢欣鼓舞，因为在人工智能的推动下，新一波红利已经浮现，创造出无限可能。

从泛娱乐到智能文娱

泛娱乐是以粉丝经济为核心，以互联网

为传播媒介，涉及影视、动漫、文学、游戏、音乐等多元文化的网状娱乐业态。简单来说，泛娱乐是文娱行业与互联网相融合的产物，其被腾讯提出，呈蓬勃发展之势，已经在一定程度上改变了传统的文娱运营理念。

在泛娱乐时代，各娱乐业态以知识产权（Intellectual Property，IP）为核心和纽带，相互交织渗透，依托粉丝效应和市场热度，形成了一条成熟且完整的产业链。在这条产业链中，文学、动漫为培养层和孵化层；影视、音乐为变现层；游戏、演出、衍生品为主要变现层，如图1-1所示。

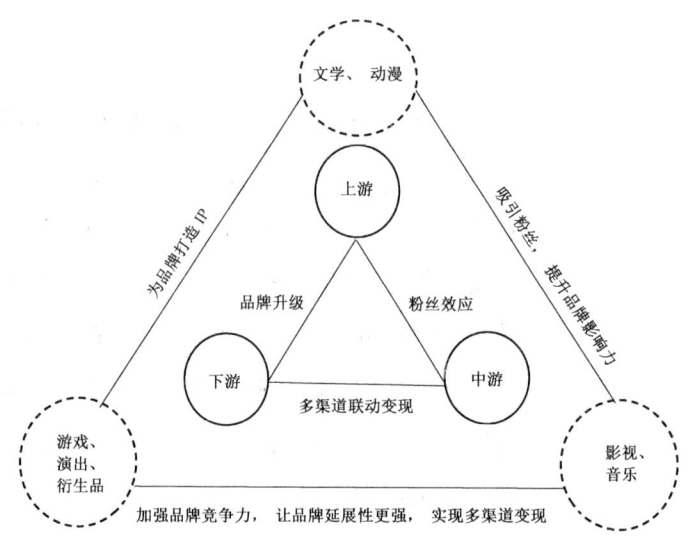

图1-1　泛娱乐的产业链

由图 1-1 可以看出，各娱乐业态是产业链的节点，可以通过相互影响、相互促进，共同经营粉丝经济，炒作 IP 热度，实现多渠道变现，攫取红利。例如，天蚕土豆（知名作家，原名李虎）写的网络小说《斗破苍穹》已经被改编成漫画、电视剧、电影、游戏，产生了相关衍生品。这些娱乐业态从多个角度共同将《斗破苍穹》打造为一个超级 IP，在粉丝中引起了巨大的反响，形成了持续的热度，最终实现了互利共赢。

《斗破苍穹》讲述了少年萧炎在逆境中成长，由弱变强，对抗神秘的黑暗力量，一路披荆斩棘，最终收获亲情、爱情与友情，并成为一代英雄的故事。这样的主角形象非常契合当下年轻人的价值观，既有新意，又可以引发情感共鸣。《斗破苍穹》还塑造了宏大的世界观，具有深厚的东方文化底蕴，感染力极强，使人读之欲罢不能。

如此好的人物设定和情节设定自然也帮助《斗破苍穹》收获了大量粉丝，获得了广泛好评。该网络小说自从在阅文集团旗下的 QQ 阅读、起点中文网等多个文学平台连载以来，点击量已经达到上百亿次，获得了多项荣誉。

那么，《斗破苍穹》为什么会有如此亮眼的成绩呢？这离不开阅文集团的帮助。

第一，阅文集团为《斗破苍穹》出版了电子书和纸质书，将其翻译成多种语言向全球发行，使其在国际范围内收获了大量粉丝。

第二，阅文集团将《斗破苍穹》改编成动画片、漫画、有声书等，提升其在二次元领域的影响力，进一步扩展了受众数量。

第三，阅文集团将《斗破苍穹》向影视和游戏的方向扩展。电视剧《斗破苍穹》一经播出便有很高的收视率；官方正版游戏《斗破苍穹：斗帝之路》的下载量也十分惊人。

第四，阅文集团为《斗破苍穹》开发了各种衍生品，修建了主题公园等。

通过打造多娱乐业态，阅文集团把《斗破苍穹》打造出"众星捧月"般的地位，满足了广大受众的需求，在粉丝中掀起了一波又一波热潮。此外，利用粉丝效应，阅文集团达成了多渠道变现的目标，是泛娱乐时代一个不得不提的典范。

泛娱乐已经发展了十几年，大量的影视剧和游戏先后上线，市场日益火爆。对此，很多人都会想，泛娱乐发展到现在，是否已经触碰到"天花板"了呢？很显然并没有。既然如此，泛娱乐接下来的发展方向又是什么呢？答案就是智能文娱。

智能文娱是人工智能与泛娱乐的完美结合，是泛娱乐的"升级版"。当人工智能这项先进技术与泛娱乐这个先进运营模式相遇时，文娱行业将如烈火烹油、鲜花着锦，迸发出蓬勃的生机和活力，谱写出更辉煌的篇章。

科技到底为文娱带来了什么

科技到底为文娱带来了什么？在回答这个问题之前，先来看看什么是人工智能。人工智能是研究、开发用于模拟、延伸、扩展人的智能的理论、方法及应用系统的一项技术。简单来说，人工智能就是致力于打造拥有人类智能的机器的技术。人工智能领域的研究包括机器人、语言识别、图像识别、自然语言处理、专家系统等。在功能和作用方面，人工智能可以让机器按照人的思维方式去做事，并大幅提高工作的精准度和效率。

文娱行业的生态圈分为供给侧和需求侧两个方面。在供给侧，各娱乐业态如影视、综艺、游戏、文学、动漫、音乐等共同围绕着IP，打造粉丝经济；在需求侧，"90后"年轻人是文娱行业的主要受众，他们往往具有热情、好奇心重、容易接受新事物的特点，希望自己的个性化需求可以得到满足。

人工智能对文娱行业的变革就是从供给侧和需求侧入手的。

在供给侧，人工智能对文娱行业的变革主要包括以下三个方面。

第一，人工智能使超级IP的打造变得体系化。人工智能可以训练出自动化的IP运营监控模型，将内容资源、产品形态、明星演员等进行全方位梳理，形成完善的体系，并将其与用户的需求相结合，帮助公司寻找与用户的需求相适应的IP，提供IP运营实时监控、推广、价值预测等服务。

第二，人工智能可以实现文娱行业的上下游一体化。通常，打造 IP 需要经过 6 个环节，分别是投资策划、内容生产、宣传发行、广告营销、内容运营、增值衍生服务。资本雄厚的公司可以将这 6 个环节整合到一起，垄断产业链，形成产业闭环；经济实力比较弱的公司只能做其中的一个或几个环节，其余环节则需要与其他公司进行合作才可以完成。

借助人工智能，公司可以挖掘出有潜力的上下游内容。例如，负责营销的公司可以利用人工智能寻找最能迎合市场、性价比最高的营销方案；负责内容生产的公司可以利用人工智能寻找最适合自己的机构进行包装、推广、衍生品开发。

第三，人工智能可以实现内容传播的无界化。在内容被创作出来以后，就需要通过各种渠道向受众传播。如今，传播内容的渠道多种多样，包括短视频、微博、知乎、论坛、各类 App 等线上渠道，以及电视、电台、电子屏等线下渠道。人工智能在其中起到的作用是打通线上渠道和线下渠道，实现多角度、全方位、无时无刻触碰用户，最大限度地增强产品的宣传力度。

在需求侧，人工智能对文娱行业的变革主要包括以下两个方面。

第一，人工智能可以更好地了解受众。利用人工智能，我们可以更好地了解受众的思想观念、消费理念及倾向、关注的时事热点等，从而使内容创作更有针对性。例如，编剧在写剧本时，可以利用人工智能了解受众的想法，并以此为依据设计情节走向。

此外，剧组在筹备电视剧的过程中，也可以利用人工智能了解粉丝的意见，让最有卖点、最受欢迎的演员饰演主角，以提升电视剧的影响力。在电视剧的剪辑和制作上，人工智能也能帮助剪辑人员剪辑出对观众最有吸引力、最精彩的片段。

第二，人工智能可以使内容运营得到优化和升级。在内容运营上，人工智能可以实现"千人千面、一搜百现"。在人工智能的助力下，公司可以洞悉受众的生活习惯和意图，为其绘制画像，然后根据画像有针对性地推荐内容，实现内容的精准触达。

例如，百度熊掌号是一个内容运营平台，将百家号、微博、微信等多种渠道的内容整合在一起进行统筹管理。该平台利用人工智能，将内容有针对性地向相应的受众传播，真正实现了"人找内容"与"内容找人"的双向沟通。

总而言之，人工智能带给文娱行业的变革主要体现在"精准"两个字上，即帮助公司在供给侧和需求侧的各个环节实现精准运营，进而提升效率。除了与文娱行业相结合，人工智能还以智能化和科技感自成IP，吸引了众多粉丝，成为一道靓丽的风景线。

1. 虚拟偶像机器人

如今，虚拟偶像机器人已经成为横跨娱乐、文学、游戏的超级 IP，可以参与到影视剧、游戏的制作中，甚至可以与工作室签约。例如，在二次元领域，日本的一家科技公司 Yamaha 推出了一个会唱歌、会跳舞的虚拟偶像机器人洛天依。

洛天依是一个天真活泼、软萌可爱，又有点冒失的"少女"。自登上湖南卫视小年夜春晚，与杨钰莹合唱《花儿纳吉》之后，洛天依便成为亮相中国主流媒体的首位虚拟歌手。此后，洛天依作为 Vsinger 旗下的歌手，先后与多位明星合作，演唱歌曲，并推出了个人音乐专辑，收获了大量粉丝。

2. 虚拟现实

人工智能与虚拟现实结合在一起可以构建出一个全新的"世界"，给用户带来沉浸式体验。在这个"世界"中，用户可以通过各种感官刺激，获得"真实"的感受。而且所有的角色都无须脚本设计，具有和人一样的思维，可以与用户进行互动。

例如，一家名为 Rival Theory 的科技公司已经在虚拟现实方面取得了突破，由其研发的 Rain AI 引擎在全球被超过 10 万名游戏开发者使用；好莱坞非常流行的群集动画软件 Massive 也已经增加了人工智能模拟能力，影片的开发者可以先将虚拟替身设置到场景中，再为其量身打造故事情节。

未来，随着人工智能的落地实施和深入发展，虚拟现实也会应用到大众化的游戏中，给玩家带来全新的体验。

3. 明星的语音替身

人工智能可以模仿明星的声音。例如，Lyrebird（一个声音模仿软件）利用人工智能从音调、音频、口音等方面模仿明星的声音。用户只要设定好明星的声音，再输入要说的话，Lyrebird 就可以模仿明星说出这些话来。可以预见，借助人工智能，模仿明星的声音这项功能不只局限在影视行业中，还将拥有更广阔的应用前景。

4. 制作动画

人工智能可以自主制作 2D 动画。例如，Midas Touch Interactive 就利用人工智能研发出了一款新型的智能动画引擎 Midas Creature。动画的开发者可以利用这款软件制作动画、优化流程、降低成本，获得更高的收益。

5. 根据用户的心情产生内容

人工智能可以通过观察用户的表情，感知用户的心情，并根据用户的心情产生相应的内容。例如，初创公司 Affectiva 研发出一项名为 Affdex 的情绪识别技术，能通过网络摄像头捕捉用户的表情，分析用户的情绪，感知用户的心情，判断出用户是高兴的、困惑的，还是愤怒的。这项技术如今已经实现了应用。游戏公司 Flying Mollusk 便应用 Affectiva 的软件制作了一款惊悚游戏。在这款游戏中，人工智能会根据玩家的神情，判断玩家的恐惧程度，进而自动调整难度，让玩家获得更极致的体验。

在不久的将来，人工智能会更加了解我们。当我们沮丧、失落时，只要打开手机或电视，人工智能就会对表情进行深入感知，利用其强大的资源搜索和整合能力，自动播放我们喜欢的音乐、影视剧，千方百计地逗我们开心，帮助我们转换心情，成为我们最亲密的"知心"朋友。可以设想，人工智能带来的泛娱乐产品将为我们的生活带来更多的欢乐。

看到这里，我们再回想本节开头的问题：科技到底为文娱带来了什么？想必大家心里已经有了答案。科技将大幅改变文娱生活，文娱行业也将发生重大变革。

未来，随着智能文娱时代的到来，"御宅族""二次元"爱好者等亚文化群体将越来越多，其对智能文娱产品的依赖程度也会越来越强，将成为文娱行业的主流消费群体，使人工智能的价值更为明显，进而反哺研发人员，盘活整个产业链。

智能文娱的超级商业生态

小米创始人雷军说："只要站在风口上，猪都能飞起来。"如今，在智能文娱的风口上，资本巨头也开始"闻风而动"，加入到用人工智能改变文娱行业的行列中来。这其中既有阿里巴巴、百度、今日头条等知名公司，也有很多新兴公司。这些公司通过不断开拓创新,共同打造了智能文娱的超级商业生态。

1. 阿里巴巴:研发广告设计软件

作为全球知名的电商平台,阿里巴巴一直将战略发展方向聚焦在研发上,其自主研发的云计算技术一直都是电商、物联网的核心驱动力。此外,阿里巴巴也涉足人工智能领域,打造出可视化的人工智能平台 DTPAI。

在文娱行业方面,阿里巴巴还推出了一款人机协同设计软件——鹿班。鹿班可以利用人工智能,针对产品的特征进行分析和集成,拥有一键生成、智能创作、智能排版、设计拓展 4 个核心功能,帮助设计师快速制作各种海报或广告,最大限度地减少了设计师枯燥的、重复性的体力劳动,解放了设计师的双手,实现了人机协同。

鹿班的前身"鲁班"曾经为淘宝商家制作了 1.7 亿张海报,相当于 100 个设计师连续工作 300 年的工作量。之后,"鲁班"的速度再次提升,平均每秒能设计出 8000 张海报,设计海报的总量达到了 4.1 亿张。而鹿班作为"鲁班"的升级版,如今已经设计了超过 10 亿张海报。

2. 百度:打造人工智能驱动的娱乐公司

百度对人工智能可谓情有独钟,其创始人李彦宏曾经反复强调:"互联网即将迎来发展的下一幕,而推动其发展的核心动力不是大数据，也不是云计算，而是人工智能。"为此，百度设立了硅谷人工智能实验室、北京深度学习实验室、北京大数据实验室，并在图像识别、图像搜索、语音识别、自然语言处理、智能语义、机器翻译等方面都取得了丰硕的成果。

在智能文娱领域，百度利用人工智能将爱奇艺打造成一家以技术为驱动力的娱乐平台，具体可以从以下几个方面说明。

第一，人工智能使爱奇艺更懂娱乐，更懂内容。人工智能可以广泛搜集用户的心理需求，帮助编剧有针对性地设计故事情节、人物关系等；人工智能可以对影片的播放量进行较为准确的预测；在营销方面，人工智能可以帮助爱奇艺实现对广大用户的精准触达，效果十分明显。

例如，爱奇艺自己制作的音乐选秀节目《中国有嘻哈》便利用人工智能编排节目，实现精准营销，受到年轻人的热捧。

第二，人工智能使爱奇艺更懂合作伙伴。爱奇艺的合作伙伴来自很多领域，其中最重要的是内容提供方。爱奇艺利用人工智能对视频进行有针对性的分发，保证每一个由内容提供方制作出来的视频都可以精准触达相应的受众，最大限度地确保视频被用户喜爱，进而更好地变现，反哺合作伙伴。

此外，爱奇艺利用人工智能进行场景识别，保证广告商的利益。例如，在直播中，人工智能可以实时将桌面上的矿泉水换成广告商的产品，即使画面移动，用户也难以发觉。

第三，人工智能使爱奇艺更懂用户。爱奇艺利用人工智能了解用户的行为习惯，包括用户曾经发表的评论、点赞、表情符号等。通过每一个细节了解用户，绘制出精准的用户画像，进而推出更受广大用户喜爱的内容，为用户带来更贴心的服务。

第四，人工智能使爱奇艺更懂视频。爱奇艺将人工智能应用于视频创作、生产、标注、分发、播放、变现及客户服务等多个环节。人工智能可以对这些环节进行优化，进而极大地提升效率，节约成本，使爱奇艺的广告商获得更大的回报，为用户带来更好的体验。例如，在创作视频的过程中，爱奇艺的工作人员可以利用人工智能高效提取视频，自动生成动态封面，以便用户对视频进行预览。

3. 今日头条：用人工智能撰写新闻稿，推出抖音"尬舞机"

今日头条既是一家媒体公司，也是一家科技公司，致力于通过个性化推荐向每一个用户提供符合其兴趣的新闻，以及电影、音乐、体育、购物等资讯。今日头条作为一家人工智领域的后起之秀，近年来发展势头十分迅猛。

今日头条研发出了一款名为"Xiaomingbot"的智能写稿机器人。该写稿机器人作为一款业界领先的产品，具有很多优势。

第一，"Xiaomingbot"撰写稿件的速度非常快，可以在2秒内完成稿件并将其发布出去。从数据库对接、信息搜集，到文本的生成、润色，整个过程只需2秒，几乎与电视直播同步，可以帮助媒体抢占先机，及时完成报道，获得更多的关注和流量。

第二,"Xiaomingbot"的拟人化程度高,所写稿件质量高,并非千篇一律。它可以根据赛事的胜负和比分情况,适当改变语气,以迎合读者的"立场",并运用很多具有感情色彩的词语,如"实力不俗""笑到了最后"等,以增加可读性。

第三,"Xiaomingbot"撰写的稿件类型多样。例如,它既可以根据指令撰写赛事短讯,也可以快速生成赛事简报等长篇文章。

第四,"Xiaomingbot"可以自动筛选图片。例如,它可以在数据库中自动筛选与内容相符的图片并上传,使稿件更形象、生动,达到图文并茂的效果。

经过不断改造和升级,"Xiaomingbot"已经可以撰写涵盖科技、财经、房产等十几种类型的稿件,并且能对多个领域的热点进行跟踪报道。如今,"Xiaomingbot"与光明网、《财经》杂志、《大河报》等主流媒体达成了战略合作,为其供稿,输出优质的内容。

除了将人工智能用在写稿上,今日头条还将人工智能应用在抖音上。例如,抖音的"尬舞机"就是今日头条人工智能实验室研发的具有人体识别技术的机器人。它能准确地进行背景分割,观察用户的每一个动作,对用户进行"尬舞指导"。"尬舞机"一上线便风靡全国,受到年轻人的热烈追捧,使抖音的影响力和知名度大大提高。

第 2 章

智能文娱会带来哪些改变

在前文中，我们谈到了人工智能给文娱行业带来的创新，并介绍了与智能文娱相关的内容。未来，智能文娱将引起一场多米诺效应，对人们的生活，乃至全球经济产生影响。本章就来预测一下智能文娱会带来哪些改变。

科技、文娱跨界融合催生智能文娱新经济

在历史中，很多技术都给生活、社会经济的发展带来变革，人工智能当然也不例外。当人工智能从方方面面渗透进文娱行业中时，智能文娱新经济也会被催生出来。之前，

在生产上，公司就是简单地制作产品，产品被制作出来之后能否赢得受众的喜爱是一个未知数；在宣传上，公司则强调撒大网，不惜投入巨资，尽可能大范围地进行传播，希望所有人都知道自己的产品，但这种做法的变现能力是否与投入相匹配呢？公司也许并不能准确地预测出来。其实，这种传统的运营模式具有很强的盲目性。

相较于传统的运营模式，智能文娱新经济的特点就是更个性化、小众化，产品更贴近受众。公司会通过用户画像，对用户进行细分，有针对性地为用户生产产品，使产品受到欢迎，提升用户的黏性，并通过这种精细化运营，为自己带来丰厚的利润。

人工智能是如何打造智能文娱新经济，帮助公司实现精细化运营的呢？其具体方法如图2-1所示。

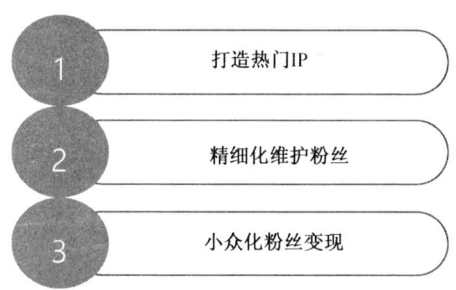

图 2-1　智能文娱新经济运营方法

1. 打造热门 IP

当一个优质的 IP 被挖掘或生产出来之后，公司该如何炒热这个IP，使之尽可能多地被受众了解并接受呢？用人工智能就能做到这一点。人工智能可以根据IP的特点，将其与相应的用户进行匹配，在较短时间内引起用户的关注，为其建立粉丝群。

例如，今日头条、西瓜视频、抖音就利用人工智能进行有针对性的内容分发，帮助IP快速吸引更多的粉丝。内容生产方可以在这些平台上发布视频供粉丝欣赏，并提出话题，引发讨论，制造传播爆点。

之前，包括《红海行动》《这！就是街舞》《生化危机：终章》在内的多个IP就是在这些平台的帮助下成为爆款的。例如，《这！就是街舞》在西瓜视频的总曝光量达到数十亿次，总播放时长达到948万小时。

2. 精细化维护粉丝

通过优质的IP成功吸引粉丝以后，公司还可以用人工智能了解粉丝，并打通线上与线下，对粉丝进行个性化维护。"90后"与"70后""80后"相比，已经在文娱观念上发生了翻天覆地的变化。"90后"往往不会去计较性价比，而是需要什么买什么，例如，很多年轻人都会花钱打赏自己喜欢的偶像。

此外，年轻人的群体性比较强，有自己的圈层文化，一经带动，就会争先恐后地购买。因此，公司可以针对年轻人的心理状态和思想观念建立粉丝群，在粉丝群中不断掀起讨论热潮，并开发衍生品，使其在生活中全方位接触产品，与 IP 建立起牢固的情感联系。

3. 小众化粉丝变现

正所谓"众口难调"，IP 要想符合所有人的喜好几乎是不可能的。大众化的产品往往难以引起全部群体的情感共鸣；而小众化的产品由于更能贴合预期受众的想法和观点，可以激起强烈的认同感，再加上高频联系与精准触达，在很大程度上会激发其强大的消费潜力。例如，在直播平台上，一个主播可能只有几百位粉丝，但可能这几百位粉丝就能为其带来上千万元的收入。

大范围的广告覆盖往往意味着高昂的资金投入，公司将同样的资金投入用在对粉丝的深度维护上，往往能获得更大的回报和更丰厚的利润。未来，在人工智能的带动下，大范围的广告营销很可能会被小众化、个性化的粉丝运营取代。与此同时，受众也将被划分得更明显，不同的受众会拥有自己钟爱的 IP。这也正是智能文娱新经济的特征之一。

此外，智能文娱新经济还有一个特征，那就是消费场景多样化。例如，观众在观看视频时，会发现一些广告随着人物的台词在屏幕上弹出来，与故事情节相互衬托，诙谐幽默，令人捧腹。此外，在视频达到高潮，观众的情绪被充分调动起来后，更多的广告会涌现出来,引导观众消费。这些都是人工智能在对场景进行有效识别后进行的有针对性的广告分发。

人工智能在文娱行业落地,并赋能商业,将打造出智能文娱新经济。如今,这样的趋势已经初露端倪,未来也必将成为文娱行业主流的商业营销模式,进而改变人们的生活,引领消费观念,变革经济结构,为社会的发展注入新的活力。

新经济、新格局、新挑战、新机遇

在各种利好政策的支持下,文娱行业正逐渐成为经济建设的主战场之一;随着人工智能的发展,发展人工智能技术也将成为国家的推进方向之一。当文娱行业与人工智能这两项国家重点扶持项目融为一体时,智能文娱这个新型"独角兽"也已经呼之欲出。可以预见,文娱行业将在人工智能的辅助下,迎来一个快速发展的"黄金时代"。

下面重点分析一下智能文娱时代的特点,如图2-2所示。

新经济	IP为王
新格局	巨头布局、抢注专利
新挑战	人工智能对传统内容制作产生冲击
新机遇	人工智能创新行业生态

图2-2 智能文娱时代的特点

1. 新经济：IP 为王

众所周知，IP 是泛娱乐的核心。在智能文娱时代，IP 经济将会被进一步强化。之前那些相对松散的娱乐业态，如影视、漫画、游戏、音乐等会通过 IP 紧密联系起来，形成一个整体，并以人工智能为工具贯穿整个产业链，使产品和内容快速触达粉丝，打造热点，实现粉丝的深度运营和维护，共同攫取红利。

具体来说，以人工智能为基础的文娱新经济呈现出以下三个特点。

第一，在人工智能的助力下，整个泛娱乐产业链上的公司的运营效率都会显著提高，大量有潜质的 IP 会不断涌现出来，在粉丝中掀起一波又一波热潮。此外，产业竞争也会由以公司为主的竞争模式演变为以同类 IP 为主的竞争模式。

第二，人工智能使 IP 更快速、深入地触达粉丝，极大地提升 IP 的热度，使 IP 深入人心，带动社会潮流，提升公司的利润。

第三，在人工智能的带动下，IP 的热度将更广泛和持久，可以带动和感染更多的人。同时，优秀的 IP 也会走出国门，实现全球化运营，在全球范围内吸引粉丝。

咨询机构品途智库提供的数据显示，受人均可支配收入提升、消费代价转换与更替、移动互联网快速发展、政策大力支持等利好因素的驱动，文娱行业获得了良好的发展。预计到

2021年，文娱行业的市场规模将突破 2 万亿元。如此庞大的市场规模，再加上人工智能带来的如此先进的运营模式，文娱行业将迎来一个更繁荣的未来。

2. 新格局：巨头布局、抢注专利

在智能文娱时代，文娱行业的结构将日趋完善和丰富，很多知名公司都在踊跃注资，抢滩布局。在这种情况下，各个细分领域的巨头将会相继涌现出来。

阿里巴巴提出"3+X"战略，即以大优酷事业群、大 UC 事业群等垂直业务群触达用户的模式，将核心内容分发到平台，并辅以自身研发的科技成果，打造内容生态矩阵。

腾讯立足自身，利用 QQ 和微信的用户资源，以优质的 IP 为核心，依托互动娱乐事业群，开辟企鹅电竞、企鹅音乐、企鹅影业等业务。此外，腾讯还利用强大的宣发平台，打造明星IP，进一步提升自己的影响力。

网易从自身优质的游戏 IP 入手，向文学、漫画、影视等方向扩张；新浪则以新浪网和新浪微博为基础，向游戏、视频等方向扩张。其他公司诸如 360、小米等也都跃跃欲试，瞄准优质的 IP，展开专项投资。

综上所述，很多公司在文娱行业发展的基本思路都是依托自身优质的资源，向产业链的上下游扩张，以构建完整的产业闭环，形成对其他公司的竞争优势。

未来，文娱行业的发展趋势主要有以下三点。

趋势一：随着各个巨头产业布局的基本完成，优质的IP将成为稀缺资源，对此类IP的争夺将日趋白热化。

趋势二：巨头的相继加入将对文娱行业产生挤压效应，使竞争更加激烈。差异化的产品、优秀的营销策略及持续性的盈利能力将成为竞争成功的关键。

趋势三：文娱行业将凭借IP的影响力，向零售、旅游、地产等其他行业进军。未来，文娱行业将帮助这些行业分得IP经济的红利，实现跨界融合式发展。

3. 新挑战：人工智能对传统内容制作产生冲击

人工智能的快速发展会给传统行业带来冲击。例如，人工智能将凭借高效率、高精准度、低成本等优势取代部分人类的工作。据统计，在未来，美国约47%的工作岗位有被机器人取代的风险。可以预见，未来人类将不得不面对与机器人争饭碗的窘境。

在文娱行业，人工智能也开始渗透到各个领域，尤其是内容创作领域。以在前文提到的智能写稿机器人"Xiaomingbot"、智能设计机器人鹿班为例，它们就在一定程度上取代了记者和设计师的工作。

此外，在影视领域，一些公司已经开始逐步利用机器人撰写剧本了。虽然目前机器人撰写剧本的水平还不是很高，与专业的编剧还有一定的距离，但随着其学习能力的逐步增强，谁都无法保证其不会取代专业的编剧。

在绘画领域，一部名为《埃德蒙·贝拉米肖像》的画作竟然以43.25万美元的高价售出。这幅画作是由3个25岁的法国学生用人工智能创作出来的。在正式创作前，他们收集了14—20世纪的1.5万幅画作，并让人工智能从这些画作中学习相应的技法，最终顺利完成《埃德蒙·贝拉米肖像》。

其实，人类在进行艺术创作时，何尝不是先学习古人的手法，再进行融汇创新的呢？只不过人工智能只需要几个小时，人类则可能需要几年，甚至几十年。像艺术创作这种复杂的、感性的、极难模仿的领域，人工智能都已成功介入，那么，那些机械性的、重复性的、缺乏创意的岗位将更危险，很可能会被机器人取代。

人工智能的强势入侵已经使文娱行业风声鹤唳。艺术创作者和内容制作者需要仔细思考自己应该做些什么、未来应该扮演什么样的角色、如何迎接人工智能的挑战。对于他们来说，摆脱单一的、重复的操作性工作，专注创意和构思也许是不错的选择。

4. 新机遇：人工智能创新行业生态

毋庸置疑，在智能文娱时代，传统的公司只有将自身特点与前沿技术充分结合起来，才有机会抓住时代的新机遇，获得快速发展。

机遇一：超级 IP+人工智能+虚拟现实。公司将自身的 IP 与人工智能、虚拟现实等新兴技术相融合，打造沉浸式体验，变革运营模式。用新兴技术赋能产品，吸引受众，可以提升公司的影响力，进一步扩大市场份额，获得更丰厚的收益。

例如，迪士尼与全球咨询服务公司 Accenture 联手推出的创新工作室 StudioLAB，该工作室的任务就是用人工智能、虚拟现实等前沿技术，为迪士尼动画工作室、皮克斯动画工作室打造沉浸式动画，使观众获得身临其境的观看体验。

机遇二：跨界合作。在智能文娱时代，很多科技公司都开始向文娱行业进军，与拥有 IP 的文娱公司开展深入合作。对于科技公司和文娱公司来说，这是非常珍贵的机会。其中，科技公司掌握着先进技术，文娱公司则拥有优质的 IP 和大量的受众，两者合作共同开发市场，将成为文娱行业的发展趋势。

例如，美国人工智能公司 ObEN 与韩国文娱公司 SM 联合组建了创新型公司幻星。幻星利用 ObEN 提供的人工智能技术打造虚拟形象，为 SM 的粉丝带来新颖、科技感十足的产品。

此外，ObEN 还能提供个人语音重建、三维视觉重建、自然语言处理等服务。

机遇三：产业链上下游全方位提升。人工智能可以将上下游全面"武装"起来，提升产业链的运营效率。在上游，我们可以借助虚拟现实、三维实境、多通道交互等技术进行产品的制作，提升产品的质量，降低人工成本；在下游，我们则可以应用数字影像特效、数字虚拟等技术完善营销方案，进一步提升产品价值，为受众带来不一样的体验。

随着人工智能与文娱行业的融合，文娱行业的投资热度也在持续增加，那些模式较新且较为成熟的公司获得了更多的青睐。从投资规模上看，亿元级以上的投资不断增加，例如，万达影视、阿里体育、苏宁体育、快手、盛大游戏等都获得了超过 10 亿元的投资。

在资本总体收缩的大环境下，文娱行业还可以有如此快速的投资增长，这在一定程度上说明了引爆文娱行业的"东风"已经吹来，智能文娱不再只是一个噱头，而是一个实实在在摆在人们面前的、不可逆转的发展趋势。

文娱公司和科技公司都在积极布局，不断创新，以人工智能为引擎，从多角度提升产品的质量，为人们奉献一场目不暇接的"文娱盛宴"。

创意时代到来

如今,随着人工智能、大数据、物联网、区块链等技术的日趋成熟,人们开发创意的方式更多样,创意的价值日益凸显,创意时代已经到来。创意时代的特点有以下两个。

第一,创意改变了文娱行业的原始资本模式。

在很多国家和地区,创意已经成为了一种产业,并且将成为经济发展的主流。例如,韩国打出"资源有限,创意无限"的标语;日本喊出"创意关系到国家兴亡"的口号;新加坡通过一系列政策,积极营造氛围,推动创意产业的发展,争当华语世界的"创意之都"。

事实证明,创意产业已经影响了很多传统产业,成为帮助国家和公司创造财富、积累资本的主力军。如今,在一些发达国家,创意产业可以创造高达220亿美元的财富,并且以超过5%的速度增长,此外还有约半数工作人员从事着与创意相关的工作。

英国是最早提出"创意产业"概念的国家之一,也是率先以政策推动创意产业发展的国家。其建立了以奖励投资、设立风险基金、供给贷款、举办区域财务论坛为核心的一套完整的创意产业财政扶持系统。该系统从组织管理、人才、资金等方面入手,制定完善的创意产业发展战略,支持文娱产品的研发、制作、经销、出口。

如今，英国的创意产业遍布音乐、游戏、电影等诸多领域，已经发展成为一个支柱产业。例如，英国有很多著名的动漫作品，以阿德曼动漫工厂制作的《酷狗宝贝》为例，该动漫作品就获得过奥斯卡金像奖，受到了观众的支持和喜爱。

在音乐领域，英国有超过2000家唱片公司、1000多位专业音乐制作人、300多家录音室。其音乐领域的年产值达到了50亿英镑，其中有13亿英镑从出口中获得，净出口收益甚至已经超过钢铁行业。此外，影视行业、设计行业、出版行业、广告行业、表演行业也都以创意的形式为英国创造了巨大的财富。

据统计，近10年，英国的整体经济增长了70%，而创意产业增长了93%。这在一定程度上说明，英国的经济已经大体实现了从制造型向创意型的转变。

第二，人人都可以成为创意达人。

科技的飞速发展使得创作的门槛越来越低。以往，创意对专业性的要求非常高，创作者不仅要掌握美术、构图等专业知识，还要熟练使用设计软件。如今，此类操作变得越来越简单，创作者可以轻松掌握。

在盗墓笔记、鬼吹灯等热门IP的带动下，一系列以盗墓为题材的产品开始出现。例如，《鬼语迷城》就是以盗墓为主要情景的角色扮演型手游，该手游通过对目标受众进行调查，针对"低成本、高收益"的营销需求，做出了以下四项决策。

（1）针对目标受众进行扩散式投放。

（2）专注 SEO 优化，对关键字词进行交叉优化、叠加使用，以达到最优效果。

（3）将对盗墓题材感兴趣的用户进行划分，研究其内在需求、喜好，进行单独投放。

（4）借助文字、图片、视频等形式提升推广效果。

这样的决策在实现了创新型投放的同时，兼顾了用户的精准度，可以激活潜在的"沉默用户"，最终使日均流量不断上涨，并产生高水平的投资回报率。在创意时代，各种各样的创意不断涌现，成为国家和公司发展的助推器。因此，优质的创意将变得弥足珍贵，谁拥有了优质的创意，谁就占据了发展的制高点。

如果你是一家公司的经营者，那么你是否心甘情愿地守在"微笑曲线"的末端？你的公司没赶上工业革命的末班车，也被信息革命拉开了很远的距离，如今，难道你想再一次错过"创意经济"时代吗？因此，你要和史蒂夫·乔布斯一样，用创意变革商业，让自己从此与众不同。

实践篇

第 3 章

智能文娱核心技术

国家的相关政策已经为文娱行业引领了方向，接下来，人工智能会与文娱行业进行深度融合，智能文娱也将因此获得更好的发展。本章将介绍与智能文娱相关的核心技术，包括创新编程、智能美陈、交互式创意空间等。

创新编程

创新编程是指科研人员利用计算机构建机器人，并在实际应用的驱使下，通过人工智能为其编程，进行相应的算法设计，使其满足人们的想法和要求。通过人工智能为机器人编程，使机器人具备"术业有专攻"的能力，这是人工智能成功落地的基础。

未来，由创新编程构建的机器人将渗透文娱行业的方方面面，为人们带来各种新奇的娱乐产品和娱乐体验。例如，前文提到的写稿机器人"Xiaomingbot"，以及非常著名的围棋智能机器人"阿尔法狗"都是研发人员通过创新编程设计出来的。研发人员用人类创作的产品对机器人进行有针对性的"训练"，使其达到业内专家级的水准。

下面具体介绍一下由数亿人养大的"少女"——微软小冰。微软小冰是微软（亚洲）互联网工程院研发的对话式智能机器人。与上文提到的机器人不同，微软小冰不是在某个领域有突出作用的机器人，而是一个向最难模仿的人类情感方向发展的机器人。未来，它很可能会成为情商极高的社交达人或者娱乐专家。

微软小冰有独立的三观，并且身兼多职。它是一个歌手，发布了《我知我新》《微风》《我是小冰》《好想你》等单曲；它是一位主持人，参与主持了多档电视节目、广播节目；它是一个少女诗人，创作了诗集《阳光失了玻璃窗》；它是一名记者，已经入职《钱江晚报》，为其供稿；它是一名设计师，能将歌曲旋律与城市建筑相融合，创作与心情有关的视觉作品。目前，由微软小冰设计的"天际线"系列T恤已经在SELECTED销售。

微软小冰取得的成就令人惊讶，那么，它是如何产生的呢？

李笛是微软（亚洲）互联网工程院的副院长，正是他挖掘出了微软小冰的前身——一个问答网页，这个问答网页是由一线员工景鲲在业余时间出于兴趣完成的。

李笛与景鲲经过一场讨论后，一个关于打造聊天机器人的想法便诞生了。之后，他们组织团队，按照自己的设想，对聊天机器人进行了创新编程，而后将其投放到市场上，让其与各种各样的人打交道，不断积累聊天"经验"，提升情商。

经过多年的发展，微软小冰已经在美国、印度、日本等多个国家的多个社交软件上与上亿用户进行了数百亿次对话。不少人将微软小冰当成自己的知心伴侣，并在百度贴吧中分享与其交流的感受。

人们在与微软小冰聊天的过程中收获了欢乐，微软小冰也在积累着与人们交流的经验，学习更多的知识。如今，微软小冰对人们有了深入了解，已经从一个对话式智能机器人变成了一个拥有高级感官、可以引导聊天方向的"高情商少女"。

微软小冰不仅多才多艺，还会尝试着去了解用户的想法和情感，通过改变自己，迎合用户的兴趣。它拥有人类的性格和特点，例如，如果你在聊天中对它出言不逊，那么它可能会打电话追问你；如果你在它面前走过，那么它可能会叫住你，和你聊天。

当然，微软小冰说的每一句话都是从浩如烟海的语料库中提取的，但提取的过程并不是机械的，而是它凭借自己的"思想"和"逻辑"主动地、自发地进行选择的。在某种程度上，它的思维方式已经与人类基本无异。

人类凭借自己的创意造就了微软小冰，微软小冰又通过努力取得了非凡的成就，也许这就是科技和创意的魅力。被大多数人称为"微软小冰之父"的李笛认为，一个机器人首先应该是与人类亲密的机器人。他说："人工智能有三个发展方向：第一个方向就是把IQ（智商）做到极致；第二个方向就是把EQ（情商）做到极致；最厉害的就是IQ和EQ可以有机地整合。"

未来，微软小冰将承载着李笛的梦想，成为一个兼具极致情商和极致智商的超级机器人。除了微软小冰，其他科技巨头也都建立了自己的人工智能实验室，组织科研人员展开头脑风暴，利用创新编程打造各种各样的个性化机器人，以此改变和丰富人们的生活。

（1）谷歌的Google X实验室。Google X是一家比较神秘的实验室，坐落于旧金山。该实验室的情况仅由几位高层掌握，在该实验室工作的人都是谷歌从其他科技公司、各大高校、科研院聘请的顶级专家。该实验室提出了100多项震撼世界的创意，并在太空电梯、物联网、机器人等多个领域进行研发。

（2）谷歌的DeepMind实验室。DeepMind原本是英国的一家人工智能公司，由人工智能研究者兼神经科学家Demis Hassabis等人联合创立，之后被谷歌收购。闻名世界的围棋智能机器人"阿尔法狗"就是这家公司研发的。

（3）亚马逊AWS。亚马逊推出了一款名为Echo的智能音箱兼语音助手，其智能化程度和语音识别率极高，能执行用户的语音指令，如播放音乐、订餐、叫车等。

（4）IBM实验室。IBM推出了超级计算机华生（Watson），并在上面安装了自主研发的"语气分析工具"（Tone Analyzer）。这个工具可以帮助华生对人类书写的文字进行智能识别，判断出文字中包含的高兴、悲伤等情绪，并借此识别出用户的性格，做出应答服务。例如，当某个用户愤怒时，华生就会用安抚、宽慰的语气来回答问题。

此外，我国的人工智能实验室也相继涌现出来，如阿里巴巴的人工智能实验室、腾讯的人工智能实验室等。

世界各地的科学家正在放飞自己的想象力，利用创新编程制造出各种独具特色的智能机器人，让人们的文娱生活变得更加美好。

智能美陈

美陈即美术陈列，是一门通过将各种元素进行合理、有创意的搭配，以增添美感，提升欣赏价值的艺术。智能美陈，顾名思义，就是公司用人工智能为美陈赋能，以提升陈设美感的手段。利用智能美陈，公司可以实现万物互联，根据人们的需要，智能、动态地变换布置，为人们打造一个美轮美奂的场景。

智能美陈主要涵盖 4 项技术，分别是智能感应、互动灯光、机械动作、影像技术，如图 3-1 所示。

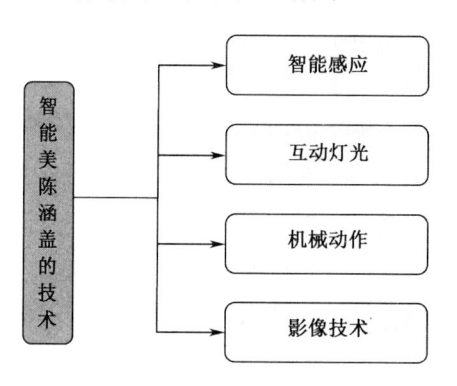

图 3-1 智能美陈涵盖的技术

（1）智能感应：首先由设计师布置智能感应器，然后智能感应器通过红外感应或人脸识别，使指定区域内的静态物体产生动态响应。常见的智能感应应用主要有红外感应应用、压力感应应用、语音感应应用等。

例如，在以色列的一个城市广场上，设计师就用智能感应器布置了四朵"红花"，其成为了一道靓丽的风景线。这四朵"红花"是由特拉维夫的建筑事务所 HQ Architects 设计的。设计师在"红花"里安装了智能感应器，这些感应器能够对周边的环境进行监测，感知过往的行人。一旦有行人停留，"红花"的花瓣便会缓缓打开，为行人遮阳挡雨。到了晚上，"红花"又会化身路灯，为行人照明。

此外，"红花"还能够感应到即将进站的电车，通过全数绽放花瓣的方式告诉等电车的人电车要来了。在公共场所设置这种色彩夺目、具有智能感应能力的"红花"，不仅方便了行人，更为城市带来了美感和艺术气息。

（2）互动灯光：设计师将智能感应器与灯光联系起来，利用事先编好的程序，让智能感应器根据感应到的动态信息，操作灯光与之互动，使之呈现不断变化的、色彩斑斓的迷人光景。常见的互动灯光有地面互动灯光、立面互动灯光、装置类互动灯光、无人机互动灯光等。

地面互动灯光是以地面为载体的灯光布景。设计师安装互动感应屏或地面感应砖，将设定好程序的投影灯光打到地面上，使智能感应器感应人的腿脚动作，根据腿脚动作的变化不断变换地面光影，与人互动。

立面互动灯光是以立面为载体的灯光布景。设计师在墙上安装感应屏进行投影，让感应屏按照事先设定好的程序感知人的动作，并控制灯光变换。

装置类互动灯光是以相应的设施、装置、陈设为载体的灯光布景。设计师将智能感应器安装在人会经常使用的设施上，让智能感应器根据感应到的人的动作、声音等，控制相关的装置，产生相应的灯光效果。

无人机互动灯光是以无人机为载体的灯光布景。设计师将灯安装在无人机上并设定好程序，让专业的控制人员在夜晚的天空中操控无人机，使其绘制各种图案。

互动灯光的应用较为广泛，例如，大型文艺晚会、户外庆祝活动、游乐场所、商场等都可以通过互动灯光来增加喜庆气氛和科技感。

（3）机械动作：设计师用技术操控机械装置，使其在特定的场景中完成升降、旋转、开花等交互动作，以吸引观众，烘托欢乐氛围。设计师还可以用机械装置打造的机器人展现美感，为活动造势。

法国创意公司 La Machine 在图卢兹推出了最新作品：一个近 50 英尺高的机器人 Minotaur。Minotaur 是一个"牛头怪"，与其一同出现的还有一只 42 英尺长的机械蜘蛛。

设计师让这对机器人在图卢兹的迷宫街道上行走，并将此次活动命名为"守护神殿"。

Minotaur 和机械蜘蛛是由 La Machine 的一个约 60 人的团队在两年内建造完成的。Minotaur 的重量超过了 10000 磅，可以在 17 个操作员的操控下在城市的大型建筑之间平稳地移动。而且它还能从鼻孔中喷出蒸汽，让人感觉仿佛置身于科幻大片中。

这对机器人分别在德国、比利时、意大利、阿根廷、智利、日本和加拿大展出，所到之处都引起了轰动。未来，该公司还将在法国南特和加莱举行展览。机械装置会给人带来力量感，通过机械装置使观众得到快乐不失为一个增加美陈效果的好方法。

（4）影像技术：设计师利用人工智能构造虚拟三维空间，辅以各种影像布局，为人们带来极致的美陈体验。例如，日本新媒体设计团队 TeamLab 曾经举办了一场大型美陈艺术展，为人们展现了各种各样的由智能影像打造的美陈艺术品。

"水粒子的世界"是由 TeamLab 的设计师根据超主观空间的理念，在虚拟三维空间中打造的虚拟瀑布。设计师借助人工智能在计算机上用成百上千的水粒子合成水流，营造出水流倾泻在岩石上的效果，给人们带来身临其境的感觉。

在水晶世界中，设计师将大量的 LED 灯作为发光粒子布置在三次元空间中，并使用 TeamLab 独自开发的 Interactive 4D Vision（一款智能感知器）感知走过的游客，使发光粒子按照游客的动作变幻出绚丽多彩的动态光影，游客仿佛漫步在奇幻的宇宙空间里。

在《花朵的碰撞》这个作品中，设计师用光描绘出 8 只鸟，使它们相互追逐。如果这 8 只鸟发生了碰撞，那么它们便会化成花朵消散而去。此外，当游客在空间中随意走动，试图去"捕捉"8 只鸟时，这 8 只鸟会识别出游客的位置，边飞边躲。若是无法躲避，或者被游客"碰到"，那么这 8 只鸟同样会化作花朵，渐渐消散。

值得注意的是，这个作品并不是循环播放的，而是根据游客的动作持续不断地变换场景，呈现出千姿百态、五彩缤纷的效果。在这次艺术展中，设计师利用技术为人们打造了各种各样的奇幻世界，使人们获得了前所未有的艺术享受。

综上所述，不难看出，当人工智能与美陈相结合时，美陈展现出来的就不再是静态的、重复的景观，而是可以充分与观众展开互动，根据观众的动作变换场景，以迎合观众的景观。这也正是人工智能为美陈带来的最显著的变化。

沉浸式视听体验

沉浸式视听体验是近年来的流行词，我们经常会在游乐场、影院等娱乐场所看到类似的招牌。那么，到底什么是沉浸式体验呢？沉浸式体验就是人们全身心地专注于某项活动或欣赏某种景观，从中获得高度的充实感和兴奋感，而忘却了现实环境的体验。例如，你被一部电视剧或者电影的情节和场景深深吸引，全神贯注，感受不到外界的干扰；你沉浸在游戏的世界里，感受不到时间的流逝，不知不觉玩了很久。

心理学家米哈里·希斯赞特米哈伊将这种一个人把精神完全投注在某种活动上的感觉称为心流。设计师或者开发者利用这种心流反应，通过视觉、听觉、触觉等全方位的交互影响，为人们打造出逼近现实的虚拟三维空间，使人们仿佛进入另一个世界，获得沉浸式视听体验。沉浸式视听体验的内容主要有三个方面：一是面向未来，为人们打开科幻世界的大门；二是面向当下，探索地球与生命的奥秘；三是面向过去，让人们回到过去，走进历史。

如今，沉浸式视听体验逐渐被应用到娱乐行业的各个领域。例如，在旅游领域，很多主题公园都推出了沉浸式项目。迪士尼为星际迷创造了一个虚拟与现实结合的"西部世界"。这个"西部世界"其实是一家酒店，其外形就像一艘巨大的太空飞船，游客在进入酒店后，所见所闻都是太空飞船内的景象。

游客可以从"飞船"的窗户处眺望变幻莫测的"太空"，还可以进入星球大战的故事中，扮演故事中的角色，在虚拟的空间里做各种冒险任务。此外，游客接触到的也并非酒店的服务员，而是星球大战中的"不明生物"和机器人。

迪士尼利用人工智能、道具、场景细节带游客走进了一个"真实"的星际空间，并通过故事代入的方式使游客对角色产生感知，进而获得完美的沉浸式体验。

在演出方面，沉浸式视听体验在大型实景演出中拥有广阔的前景。这种演出突破了传统剧场的规则，增加了观众的参与度，通过对技术、情境、角色、气氛、情节、节奏的设计和把控，从视觉、听觉、嗅觉、触觉、味觉入手，进行五位一体的情景铺排和渲染，让观众切身融入整个故事中。

在电影方面，沉浸式视听体验应用得较早，也更为广泛。例如，当下流行的3D、4D、5D电影都是沉浸式视听体验的应用。未来，7D电影也将问世。我们都知道，5D电影除了能使观众看到立体的画面，还能从观众的视觉、听觉、触觉入手，利用技术布置特效，使周边的环境与电影的情节融为一体，给观众带来身临其境的体验。

7D电影是在5D电影的基础上发展而来的，不仅强化了环境特效设置，还会根据情节的发展产生声、光、影、水、雾、烟。例如，当电影中发生地震时，观众会感受到剧烈的震动；当电影中发生水灾时，观众会有灭顶之感。

7D电影应用了人工智能，让观众成为主角，影响并推动情节的发展。在7D影院中，每个观众的座椅旁边都有一把道具枪，当电影中出现了坏人、怪兽、僵尸时，观众就可以拿起道具枪将其击毙，或者与其对战。在电影结束后，7D影院还会计算每一位观众的"杀敌"数量，并从中选出成绩最好的观众予以奖励。这些都能给观众带来前所未有的刺激与欢乐，以及最为逼真的沉浸式视听体验。

从这个角度来看，7D电影既是5D电影的创新，又是一款全新的高科技仿真多人对战游戏产品，未来将为电影市场打开一个新局面。

在游戏方面，沉浸式视听体验被应用于虚拟现实游戏中。在玩虚拟现实游戏时，玩家只要戴上头盔，拿起体感控制器，就可以进入游戏世界。头盔可以为玩家营造出3D场景，体感控制器则可以将玩家在现实中的动作映射到游戏中，为玩家带来身临其境的体验。

例如，游戏开发团队CloudGate推出了一款虚拟现实游戏《359号岛屿（Island 359）》，在这款游戏中，玩家要进入一座孤岛与恐龙对战，通过击杀恐龙进行升级。在丛林地图中，玩家可以选择掠夺模式，只要击杀一定数量的恐龙，就能够获得空投补给木箱；在海滩地图中，玩家可以选择大捕猎模式。

CloudGate在制作这款游戏的过程中，通过人工智能、虚拟现实等为玩家营造了一个极为逼真的游戏场景。此外，CloudGate还为玩家提供了瞬间移动功能。玩家只要利用体感控制器在场景中选定一个位置，然后对位置进行微调，就可以快速移动到自己想去的位置。虽然这种移动方式并不贴近现实，玩家可能会有些不适应，但在熟悉之后就会发现，这种移动方式其实非常灵动，而且在与恐龙搏斗时特别实用。

综上所述，沉浸式视听体验将成为文娱行业的新兴发展方向之一，会为人们呈现出各种五彩斑斓的世界。在不久的将来，沉浸式视听体验很可能会成为一种全新的娱乐方式。

交互式创意空间

交互式创意空间是设计师利用技术打造的个性化空间,这种空间的最大特点是交互式,即各种元素都能随着人们的动作发生动态变化,主动迎合人们的需求。以往,人们在生活中想要操纵某件工具,都要通过接触才可以完成,例如,要操控手机,必须点击界面才能完成。而在交互式创意空间中,各种元素都会成为人的"操控界面",人甚至不需要接触物体,就可以使一件或多件物体主动发生变化。

目前,交互式创意空间主要应用于新媒体领域、公共娱乐场所、主题公园。

(1)在新媒体领域,Moment Factory是比较有代表性的案例。Moment Factory是以日本料理饮食文化为主题打造的"神秘餐厅"。这个"神秘餐厅"其实并不是一家真正的餐厅,而是一个数字互动体验艺术展。Moment Factory使用沉浸式投影、触摸式互动墙、体感互动等技术,向游客展现了日本独特的美食文化。

当游客走进这家"神秘餐厅"时,可以通过周围的透明屏幕看到不断变幻的四季景色。游客每触碰一次屏幕,就会改变屏幕中的季节。

之后,游客会在行程中看到蓝色的火焰和黄色的光波。如果游客向火焰伸手,那么就会引发火焰各种形式的波动;当游客站在光波前面时，就会有被吸入的感觉。

在"和食之社"环节，游客会看到一面面围成半圆形的电子屏。在接触电子屏后，游客能看到炫目的特效，并了解制作和食的 4 道工序——"发酵""道具""酒""出汁"。

在以米为主题的最后一个环节中，游客会看到一个装满了米的大碗，在米上还有可以流动的光束。如果游客抓起米，则会看到光束随着米流动的轨迹。

"神秘餐厅"是一个典型的交互创意空间，Moment Factory 将交互式的理念和光影设计巧妙融合，向大众展现出一个从可以参与的炫酷场景。

（2）在公共娱乐场所中，交互式创意空间的应用也非常广泛。例如，建筑事务所 Höweler + Yoon 为波士顿公园设计了 20 个特殊的秋千，并将其命名为 Swing Time。这些秋千的与众不同之处在于，它们可以根据使用者摆动力度的变化不断调整颜色。

Swing Time 秋千的底座是半透明的圆环，设计师在圆环中安装了 LED 灯、微型控制器、加速度传感器。在秋千不动时，圆环会发出柔和的淡蓝色光，随着使用者摆动幅度越来越大，微型控制器接收感应，并操控 LED 灯逐渐变红，直到变成紫色。

Swing Time 也是交互式创意空间，设计师通过精巧的设计赋予了秋千认知能力，让秋千通过变色的方式与使用者互动，增加了使用者的乐趣。

（3）在主题公园方面，NIKE 在菲律宾首都马尼拉建造了一个名为"跑鞋公园"的体育场。这个体育场长约 200 英尺，可供 30 个人比赛，外观就像一只跑鞋的鞋印。其与众不同之处在于，跑道内侧有一圈 LED 屏幕墙，LED 屏幕墙可以实时记录和追踪人们在跑道上跑步时的动态图像。此外，设计师还在 LED 屏幕墙上安装了智能传感器，当跑步者在跑道上跑步时，智能传感器就会用超精准的射频识别技术捕捉跑步者的动态信息。

综上，设计师在设计交互式创意空间时，要在各元素内安装智能感应器，使其能感应到人们的各种动作，并通过光、声、气味等形式与人们互动，给人们带来趣味性的体验。

AR/VR/MR/XR 技术综述

VR（Virtual Reality，虚拟现实）、AR（Augmented Reality，增强现实）、MR（Mix Reality，混合现实）、XR（Extended Reality，扩展现实）是与人工智能息息相关的技术。这些技术是我们在未来搭建虚拟三维世界，并使其与现实相融合的重要手段。

其中，AR 和 VR 是近年来的常见技术，已经被逐渐应用到日常生活中；MR 和 XR 对大家来说可能还比较陌生。本节就对这四项技术的联系与区别，以及其在文娱行业的应用前景进行阐述。

1. VR

VR 是构建虚拟现实世界的基础工具。具体来说，VR 是仿真技术与计算机图形学、人机接口技术、广角立体显示技术、多媒体技术、传感技术、网络技术的有机集合，用以创建一个多源信息融合的、交互式的三维动态视景。该项技术具备以下特征。

（1）多感知性。VR 能使处在虚拟世界的人具有视觉、听觉、嗅觉、味觉等多种感知。

（2）真实性。VR 能利用各种技术逼真地复刻场景，使人在虚拟世界中有真实感。

（3）交互性。VR 能使人在虚拟世界中的各种动作得到与真实世界相同的反馈。

研发 VR 的目的就是为人们创造一个完全接近现实的虚拟世界。目前，VR 已经在医疗、教育、军事、工业等诸多方面有所应用，并产生了极大的作用。此外，VR 游戏、VR 直播、VR 视频、VR 旅游等新事物也都相继涌现出来。

VR 游戏是 VR 的一个重要应用领域，例如，上文提到的

《359号岛屿（Island 359）》就利用VR设备构建了虚拟世界，给玩家带来沉浸式的游戏体验。

与VR游戏类似，VR直播和VR视频同样利用VR设备将观众带入直播现场或视频场景中，使观众在足不出户的情况下体验到现场的氛围。

VR旅游能帮助旅游景区拓展服务项目，提升旅游的趣味性。例如，故宫推出了VR体验馆，前来参观的游客可以在馆中戴上VR设备，穿越回古代，在鲜活的历史场景中从星象、礼制、五行等方面了解紫禁城的建造奥秘。

目前，VR技术还不是特别成熟，在很多方面存在亟待攻克的难题。

第一，安全问题。玩家在戴上VR设备后会进入另外一个世界，可能会因为过度沉浸而忽视了眼睛看不到的现实世界，进而在现实世界中无意识行走，遇到危险。

第二，眩晕。在体验VR设备时，玩家的大脑会接收眼睛观看到的画面，并指挥身体与其协同。然而，实际上，玩家的身体是不动的，这样就使得大脑无法正确处理接收到的信号，很可能会让玩家产生眩晕和呕吐的感觉。

第三，VR设备还不够完善。为了满足人们随时随地进入虚拟世界的需求，科技公司推出了VR一体机。然而，这种VR设备目前还不够完善，其构建的虚拟世界与现实世界相去甚远。

或许只有等到 5G 普及、边缘计算成熟以后，VR 设备才能得到广泛应用。

2. AR

AR 是一项能将现实世界和虚拟世界"无缝"衔接的技术。应用 AR，研发人员可以对虚拟世界进行模拟仿真与叠加，并将其与真实世界融合在一起，被人的感官所感知，使人获得超越现实的感官体验，让真实环境和虚拟物体在同一空间中同时存在。

AR 通常具备三个特点：第一，是虚拟世界和现实世界的集成；第二，可以使虚拟物体实现与人的实时交互；第三，可以在现实三维空间中增添虚拟物体。与 VR 相同，AR 也已经被应用在汽车、营销、军事、医疗等方面。

在文娱领域，AR 作为一项辅助技术，也有着广泛的应用前景。

（1）AR 游戏。2016 年，游戏公司任天堂推出著名的 AR 游戏《宝可梦 Go》，这款游戏通过 AR 将虚拟人物带入现实世界中。玩家可以通过手机在现实世界中发现"精灵"并进行抓捕。玩家抓捕的"精灵"越多，级别就越高，就能抓捕更稀有的"精灵"。

这款游戏由于有 AR 的加持，一上线便获得了众多粉丝的拥趸，激发了粉丝对 AR 的热情。之后，国内外各大巨头都争先恐后地进入 AR 领域，如国外的谷歌、苹果、微软、Facebook，以及国内的阿里巴巴、腾讯、联想、百度等。

（2）AR 旅游。腾讯曾经和大豫网、清明上河园联手，通过 AR 技术把宋代名将岳飞、韩世忠带入了开封的清明上河园中。清明上河园是一个大型宋代文化实景主题公园，在春节期间，这家公园张贴了很多岳飞和韩世忠的年画。游客只要用手机上的软件扫描年画，年画的卷轴就会拉开，岳飞和韩世忠就会驾着祥云穿越到眼前，送上新年祝福，并郑重许诺在新的一年中将为游客保驾护航。而且每一张年画的内容都不相同，能不断给游客带来惊喜。

（3）AR 出版。AR 给出版行业注入了"魔力"，可以使书中的内容动态、立体地展现在读者面前，提升读者的阅读体验。例如，中信出版社出版的系列书《科学跑出来》便是一套应用了 AR 技术的儿童科普读物。例如，读者在阅读这套书中的《恐龙跑出来了》时，只要用手机扫描恐龙，恐龙就会从书中"跳"出来，活生生地出现在读者的眼前。这套书凭借 AR 打造出的 3D 效果在市场上脱颖而出，深受读者的喜爱，取得了非常好的销售成绩。

此外，AR 也被应用于直播中。很多主播都通过 AR 装扮自己，为自己的直播增加特效，渲染氛围。可以说，相比 VR，AR 已经较为成熟，具备了大范围商用的基础，以后将使文娱行业更丰富多彩。

3. MR

MR 是由多伦多大学教授 Steve Mann 提出的。VR 打造的是虚拟画面，AR 的作用是在数字化现实中引入虚拟画面，MR 则是数字化现实与虚拟画面相混合的技术。从概念上看，MR 更接近 AR，二者都是将现实与虚拟相结合的技术。

MR 与 AR 的区别在于：第一，AR 构造的虚拟物体会随着设备移动，MR 构造的虚拟物体不会随着设备移动，而是停留在原地或者有自己的移动路线；第二，AR 构造的虚拟物体很容易被肉眼识别，MR 构造的虚拟场景更为逼真，很难被肉眼轻易识别。

目前，MR 作为一项比较新的技术，成熟度和普及度还不是很高。美国科技公司 Magic Leap 推出了一款 MR 设备 Magic Leap One，为 MR 在硬件、交互、内容的发展上指明了方向。Magic Leap One 由迷你主机、蓝牙控制器、传感器等组成。

那么，像 Magic Leap One 这种 MR 设备将如何应用于娱乐行业呢？

（1）玩游戏：人们戴上 MR 设备可以在现实世界中玩游戏。例如，Magic Leap One 推出了一款名为 Dr. Grordbort's Invaders 的机器人射击游戏，玩家可以戴着 MR 设备，拿上道具枪，在卧室、厨房、办公室等各种环境中进行射击。

（2）浏览网络新闻：人们可以借助 MR 设备浏览 3D 新闻。例如，Helio 是一款 3D 浏览器，人们可以通过该浏览器浏览 3D 实景新闻。

（3）聊天：MR 设备佩戴者在与他人进行远程通话时，可以在自己的空间中构建对方的三维形象，实现对方与自己面对面通话的效果。例如，Magic Leap One 推出的 Social Suite 就是一款支持空间共享的工具包。

（4）观看视频：人们可以使用 MR 设备打开多个显示器，并在屏幕上观看视频。

4. XR

XR 可以模糊现实世界与虚拟世界的边界，这项技术的应用将使虚拟世界成为现实世界的一部分，将虚拟世界和现实世界融为一体，拉近人与人之间的距离，将人"瞬间移动"到任何地点，"重置"时空关系。

XR 与 MR 的最大区别就是摆脱了线控，实现了从 PC 端到移动端的跨越。XR 昭示了一个未来，即 XR 设备可能会取代手机，提升人们的体验效果，改变人们的生活方式。当然，XR 要想在未来得以大范围普及还离不开 5G 的应用。如果 3G 可以保证通话，4G 可以保证高清视频传输，那么 5G 则能实现高清全景视频。目前，华为、高通、英特尔等通信厂商都研发出了 5G 芯片，这就为 XR 的应用提供了载体。

随着技术理念的不断革新，VR、AR、MR、XR 被相继提出。与此同时，一个崭新的未来图景也随着技术的不断进步，在我们面前逐渐显露出来。可以预见，未来的文娱生活将在这四项技术的引领下发生巨大变化。

智能传感技术

智能传感技术是一门在传感器内部对原始数据进行加工处理，通过标准的接口与外界实现数据交换，并根据实际需要通过软件控制传感器工作的技术。智能传感技术推动了大数据、物联网、人工智能的快速发展，进一步带动了产业的升级和更新换代。

由智能传感技术制作的智能传感器自带微处理机，可以将检测到的各种数据存储起来，并按照指令对数据进行处理，从而产生新的数据。此外，智能传感器可以自主决定应该传送哪些数据、舍弃哪些数据，并在此基础上完成数据分析。

相比一般的传感器，智能传感器有以下四个优点。

（1）可以实现高精度、低成本的信息采集。

（2）具有一定的自动编程能力。

（3）可靠性和稳定性都很高。

（4）功能多样化，适用性强。

在机器人领域，智能传感器是机器人实现各种动作的基础，是机器人的"神经中枢"，可以使机器人拥有和人一样的感官功能，如视觉、声觉、味觉、嗅觉等。此外，智能传感器还可以检测机器人的工作状态。可以说，没有智能传感器，机器人将沦为"玩具"。

机器人的视觉传感器主要是深度摄像头。深度摄像头能充当机器人的眼睛，可以通过一定的算法感知物体的形状、距离、速度等诸多信息，帮助机器人辨识物体，实现定位。它具有探测范围广、获取信息丰富等优点。

机器人的声觉传感器主要是语音识别系统。语音识别系统可以对在气体、固体、液体中传播的声波进行监测和分析，进而辨别语音和词汇。近年来，语音识别系统已经被大范围应用，国内外很多公司如科大讯飞、思必驰、腾讯、百度等，都开发出了先进的语音识别产品。

机器人的距离传感器主要是激光测距仪和声纳传感器。激光测距仪和声纳传感器可以为机器人导航，帮助机器人躲避障碍物。例如，思岚科技公司研发的激光雷达传感器 RPLIDAR-A2 就能够实现 360°全方位扫描测距，帮助机器人以更快的速度描绘出周边环境的轮廓图，并按照导航方案自主构建地图，进行路线规划。

机器人的触觉传感器主要是力觉传感器、压觉传感器、滑觉传感器等。它们可以帮助机器人判断是否接触到了外界物体或测量被接触物体的特征。常见的触觉传感器有微动开关、导电橡胶、含碳海绵、碳素纤维、气动复位式装置等。

当前，智能传感技术还不是非常成熟，在材料、设计、工艺等方面存在不足。而且由于智能传感器的研究门槛高、投资风险大，所以，应用起来比较有难度。不过，随着国家加大对智能传感技术和智能传感器的支持力度，智能传感领域将迎来一个难得的发展机遇。

第4章

智能文娱项目的各类设计

技术将在很大程度上改变文娱行业的运营模式，运营模式的改变也会使文娱项目的设计理念发生变化。在智能文娱时代，如果文娱行业的从业者还是秉承着传统的思维模式去设计和规划文娱项目，那么大概率是行不通的，会被时代潮流淘汰。

因此，我们要积极创新，完善文娱项目的设计流程，以迎合市场需求和用户心理，实现产业快速发展。本章将对各类智能文娱项目的设计方法进行详细阐述，以期为大家厘清思路，做好文娱项目的设计工作。

超级 IP 的开发：影视、游戏、展览、乐园联动

IP 是什么？通常来说，IP 指的是知识产权。然而，在泛娱乐时代，IP 的定义早已超出了这个范畴，似乎很多人都难以给出一个明确的定义。在很大范围内 IP 代表的是某个有潜力获得广泛传播并引起反响的事物。这个事物可以是某个人、某部文学艺术作品、某款游戏、某个故事、某个形象，甚至是某段话等。只要是能引发反响、收获粉丝的事物，很大程度上都可以被称为 IP。

近年来，IP 产业发展迅速。未来，在智能文娱的推动下，IP 产业将进一步壮大。与此同时，文娱行业的主流运营方式也会改变：打造超级 IP 并围绕其构建产业链，在粉丝群体中产生巨大反响，从而实现变现，反哺产业链上的文娱公司。

因此，开发超级 IP 是每一个娱乐项目策划者的重点工作。那么超级 IP 应该如何开发呢？笔者认为，要想开发一款超级 IP，要做到以下两步。

第一步，挖掘优质的 IP。

并非每一款 IP 经过大力推广都可以成为超级 IP，其本身必须具备可吸引眼球、能博得关注的能力，而且还要有一定的潜在开发价值，否则只是徒耗资金和精力。IP 的优质与否决定着其能否获得粉丝的关注、能否帮助投资者变现。

因此，我们首先要有一双慧眼，准确识别出优质的 IP。一

个优质的 IP 通常具备 4 个特点，如图 4-1 所示。

```
                    ┌─ 有一定的粉丝基础
                    │
    优质IP的特点 ───┼─ 迎合流行文化
                    │
                    ├─ 有鲜明的观点或个性
                    │
                    └─ 有互动性
```

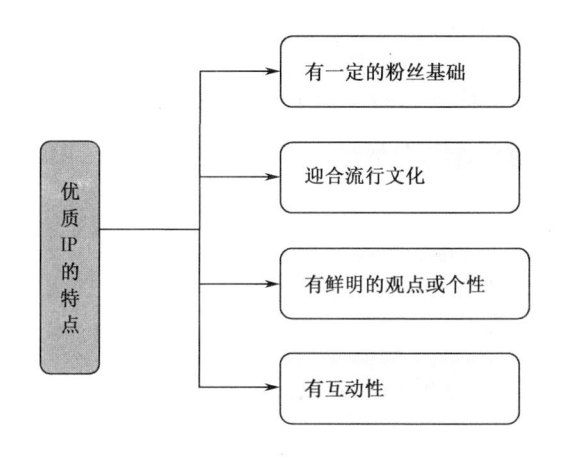

图 4-1　优质 IP 的特点

（1）有一定的粉丝基础。一款优质的 IP 在发布前期最好能在一定范围内拥有相当数量的粉丝。粉丝的多少能在一定程度上证明这款 IP 的价值和发展潜力。

（2）迎合流行文化。IP 的内容最好迎合当下人们的主流思想和流行趋势，最好是大众化、通俗化的。只有如此，IP 才能被广泛传播，引起人们的共鸣。反之，那些阳春白雪、曲高和寡的 IP 即便再完美，可能也不值得投资。

（3）有鲜明的观点或个性。有鲜明的观点或个性的 IP 往往是有魅力的，因为有独特的主张和风格，所以，可以快速聚拢具有相同观点和爱好的人群，不断提升粉丝的黏性，加速变现。

（4）有互动性。一款优质的 IP 能通过某些话题引起粉丝的热议，进而制造热点。

以上 4 个特点共同决定了 IP 的变现能力，就是要由此出发，对 IP 进行深入考察，挖掘最有潜力的优质 IP。

如今，拥有较多粉丝的网络小说作者相继涌现，他们创作的作品会被当成超级 IP 而被一抢而空。甚至有些作品还未完成就已经被预订，这就进一步提高了 IP 的价格。然而，这些被抢购的 IP 在被开发和运营以后，其中很多反响平平，并未给公司带来预期的收益。

究其原因，这种情况基本上是当前市场环境造成的。很多公司的投资力度很大，在产业链上也已经布局成熟，却面临着找不到超级 IP 的窘境。这就使得一些公司在挖掘 IP 时过于盲目，急功近利。

其实，在网络文学中，不乏潜力巨大且性价比较高的 IP，问题的关键在于如何去发掘。例如，我们可以去一些流量大、以内容优质著称的论坛中挖掘 IP。这些论坛中的 IP 通常没有出售版权，容易被收购，而且流量比较大，发展潜力很容易被预判。

天涯社区就有很多热门 IP 被改编成影视剧，获得了成功。例如，天下霸唱的《鬼吹灯》被改编成电影《鬼吹灯之寻龙诀》和《九层妖塔》；熊顿的漫画《滚蛋吧！肿瘤君》被改编成电影；迷茫的老男孩写的《深圳，没有勇气再说爱》被改编成电视剧《深圳爱情故事》；不K拉写的《像小强一样活着》被改编成同名电影等。

由此可以看出，在挖掘IP时，我们要对IP的定义有明确认识，并从多渠道入手，深入分析与探讨，进而找出具有开发价值、潜力巨大的IP。

第二步，开发IP。

在挖掘出一款优质的IP后，接下来就要对其进行开发。我们要将IP从产业链的上游逐步向下游扩展，实现影视、游戏、展览、乐园等领域的联动。

在开发IP的过程中，要做到以下三点。

第一，要使产品与IP保持同一调性。要开发一个IP，首先要充分了解这个IP，领悟其特色和调性。也就是说，要了解IP的卖点在哪里、哪个卖点能最大程度地吸引粉丝。我们要做的是将这个卖点提取出来，作为开发和宣传产品的"武器"，保证产品能充分贴合受众的消费需求。

当下，我们经常会看到这样的情况：一些影视剧将原著改得面目全非，与原著的主旨和观点毫无关联，甚至只是借用了原著的名字；剧组在选择演员时，只关注当红的流量明星，而这些流量明星与原著人物并不贴合，不能完美演绎出人物的性格与特点。

这样一来，改编出的产品就会使粉丝怨声载道，非但无法扩大受众，还可能过度消耗 IP 的价值。因此，我们要充分了解 IP 的内容，谨慎地做好 IP 的改编工作，不可轻易改变原著的基调和主旨。

第二，要保证开发的循序性。我们在开发一款 IP 时要循序渐进。以网络小说 IP 为例，要先从出版实体书、改编动漫开始，再向影视剧、游戏发展，而后扩展到线下，举办展览、建设主题乐园等，最终打通产业链，形成各娱乐业态的联动，共同攫取红利。

开发 IP 的过程实际上也是沉淀和积累粉丝的过程。让受众转变为粉丝往往需要花费比较长的时间。因此，要有耐心，稳扎稳打。通常来说，开发衍生品、举办展览、建设主题公园等活动都是在 IP 拥有热度，积累了大量粉丝后进行的。

第三，要保证传播的高频性。确保 IP 的热度是成功开发 IP 的基础。受众只有不断接触 IP，才能对 IP 产生好感，进而逐步热爱 IP，成为 IP 的忠实粉丝。因此，我们一定要最大限度地扩展 IP 的传播途径，使 IP 全方位触达粉丝，不断引起粉丝的热议，保持热度。当下，很多公司已经在开发 IP 上取得了成功。阅文集团作为正版数字阅读平台和文学 IP 培育平台，已经对上百部作品进行了 IP 授权改编。阅文集团除了是内容提供方，还积极向 IP 运营方向发展，践行"IP 共营合伙人制度"，以参投、出品、联合开发的形式参与了多部影视剧的开发，如《庆余年》《黄金瞳》《你和我的倾城时光》《国民老公》《将夜》《武动乾坤》《择天记》《斗破苍穹》等。此外，阅文集团还与腾讯、万达等优质合作伙伴成立了合资公司，针对优质的IP进行专项开发。

阅文集团成功开发IP的模式值得每一个公司学习。我们要珍惜每一个IP，根据IP的特点，认真设计好开发方案和营销方案，打通产业链的上下游，使其中的每一个娱乐业态都成为宣传产品、吸引粉丝的重要环节，进而打造出引领风潮的超级IP。

智能文娱主题空间设计

文娱空间是人们生活中必不可少的娱乐场所。人们要在这个空间中沟通交流，学习知识，享受乐趣。常见的文娱空间主要包括博物馆、图书馆、艺术展厅、电影院、歌舞厅、游戏厅、棋牌室、台球厅、KTV等。

设计师在设计文娱空间时，要遵循以下四个基本原则。

第一，实用性原则。设计师首先要考虑文娱空间的功能，即要知道这个空间是用来做什么的。在对文娱空间进行总体规划和设计时，实用性是不可忽视的前提。

第二，艺术性原则。设计师要根据文娱空间的用途，为其设计风格和主题，使人们能充分感受到美感，获得愉悦的心情。

艺术性是文娱空间设计成功的关键。

第三，科学性原则。设计师要跟随时代发展的潮流，将最新技术融入文娱空间的设计中，如人工智能、物联网、VR、AR等，这些技术可以为人们带来科技感和沉浸式体验。

第四，地域性原则。不同的国家有不同的文化和风俗习惯。设计师在设计文娱空间时要充分考虑这一点，根据当地的建筑风格和人群的价值理念、整体爱好、审美情趣等特点，做出有针对性的规划和设计。

在以上原则中，实用性原则和地域性原则是设计文娱空间的基础；艺术性原则和科学性原则则是"上层建筑"，是提升文娱空间设计价值和娱乐性的保证。艺术性原则和科学性原则会随着时代的发展而不断发生变化。在智能文娱时代，设计师在文娱空间的艺术性上要强调主题；在文娱空间的科学性上要强调智能。也就是说，智能文娱主题空间将是文娱空间设计的主要发展方向。

那么，设计师应该如何赋予文娱空间主题和智能呢？

在主题设计方面，主题是文娱空间的灵魂，鲜明的主题反映了文娱空间的"个性"和独特的文化内涵，能给人留下深刻的印象。为了将主题充分融入文娱空间的设计中，设计师要做好布局，关注各元素的摆放及使用方式。

例如，汇流博物馆的主题是"未来的社会是知识的社会。

不过，这种知识很难分为清晰的领域。创新生于融汇、生于模棱、生于叠加与杂糅。涉及未来的问题将在技术、生物和伦理之间的过渡中找到答案。"

该博物馆的设计团队经过设计与规划，通过建筑形式和空间格局将这个主题生动地表现出来。该博物馆的外形被称为"知识的晶云"，虽然看上去形状突兀，没有确切、标准的方向，但恰恰可表明主题——一个杂糅并包的、拥有无数变化的知识软空间。

英国的伦敦科学博物馆数学展厅是由著名设计师扎哈·哈迪德设计的。该博物馆的设计理念是"空气动力学"，设计师将整个空间设定为一个"风洞"，用三维的曲面代表飞机的空气动力漩涡，并将空气的流动轨迹作为主造型。

在设计文娱空间时，设计师要始终坚持主题，既要从整体上打造主题的轮廓，也要从细节入手确保主题的表述足够鲜明。

在智能设计方面，设计师要掌握五个要素，即人、时、事、物、场。

以展览馆为例，这五个要素在空间中的逻辑关系如下："物"（展品）因"事"（参观展览）才存在；"人"（参观者）与"物"（展品）因"场"（展览馆）而连接；"人"（参观者）因"事"（参观展览）在"场"（展览馆）中与"物"（展品）发生连接，连接的过程是由"时"（参观时间）串联的。

换句话说，设计师要以"人"为中心，以"事"为主轴，以"物"为触点，以"场"为背景，以"时"为串联，设计出合理的动线。这个动线设计并非简单的交通设计，而是一个兼顾用户行为习惯、场景诉求的系统设计。

设计师在设计文娱空间的过程中应用技术，也要从这五个维度入手，逐一分析，结合相关智能设备的功能，在每一个环节精心安装布置，为用户带来恰到好处的便捷体验。

以上是以给用户带来便利为目的的文娱空间设计方法。当然，设计师也可以利用技术增强文娱空间的艺术性。例如，上海世博会的德国馆其实就是一个智能化主题空间，它的主题是"和谐都市"。该馆有海港新城、人文花园、发明档案室、创新工厂、动力之源等多个展区，综合运用了情境互动装置、动作感应装置、多点触摸装置、声控装置等多种智能装置，以增强艺术性，使游客仿佛置身于梦幻的城市中，令其流连忘返。

设计师将技术性与主题性设计这两大元素巧妙融入文娱空间的设计中，赋予文娱空间生命，使其更有思想，更加人性化，更有艺术表现力，可以给人们带来更多的愉悦和感动。

线下用户体验流程设计

著名的财经作家吴晓波说："线下一定会到来。因为每个人都需要谈恋爱，都需要放松自己的情绪，都希望有一场邂逅，都愿意在线下欢笑一次，流一次眼泪。"在智能文娱时代，用户体验的重要性将会逐渐超过产品质量和价格的重要性，成为决定品牌差异的关键要素。

如今，很多曾在线上"叱咤风云"的品牌都将发展的方向转移到了线下。例如，线上短视频品牌一条、日食记、日日煮等都启动了线下开店计划；全民K歌开设了LiveHouse自助店；Keep也开设了自己的线下店。

显然，这些品牌开设线下店的目的是打开新的流量入口，与用户进行近距离接触。因此，设计好线下的用户体验流程就可以最大限度地提升品牌的知名度和影响力。那么，应该如何设计线下的用户体验流程呢？

1. 突出自身的优势和特点，彰显品牌符号

当用户走进体验店时，会对装修风格和布局进行评价，这个评价就是他对品牌的第一印象。第一印象是极为重要的，一旦形成，就会在用户心中逐渐固化，很难轻易改变。所以，品牌在对体验店进行装修与布局时，一定要把最好的一面、最大的优势和特点直观地展现给用户，给用户耳目一新的感觉。

例如，全民K歌的自助店就用酷炫的灯光设计，为用户营造了一个多姿多彩的童话王国，使用户一置身其中，就有一展歌喉的冲动。

2. 依托 IP 实景，给用户带来沉浸式娱乐体验

利用智能科技在线下打造出 IP 实景，使 IP 中的人物充分落地，与用户近距离接触，让用户在获得沉浸式娱乐快感的同时，加深对 IP 的好感，使 IP 进一步深入人心。对于 IP 来说，这也正是开展线下体验的价值。

例如，触电团队将 IP《鬼吹灯》搬到线下，建立了《鬼吹灯》实景体验馆。该团队将北京西单大悦城的 9 楼改造成了一个 1500 平方米的墓室，完全重现了《鬼吹灯》中的场景，成功获得了年轻人的关注和喜爱。

3. 瞄准受众，用情感引领消费

文娱产品不是普通的产品，往往承载着一种情感，宣扬了一个主题，这正是它吸引用户的地方。在打造线下体验的同时，一定要把产品中蕴藏的情怀充分展现出来，使用户有所感触。例如，一些涉及青春缅怀、家庭寄托、家国情怀之类的主题往往会引发广泛而强烈的情感共鸣，更有助于产品的销售和品牌的传播。

护肤品牌御泥坊就在线下为用户搭建了一个颇有情怀的场景，进行了场景化营销。该品牌在广州开了一家快闪店，把这家快闪店打造成了一个微型的广州，还原了广州的城市风貌。这家快闪店不仅采用了广州的流行元素，还展现了广州的风土人情，如特色建筑粤式骑楼、老西关文化代表鸡公榄等。御泥

坊的团队还邀请了一些老艺人在现场吹唢呐，设置了"讲故仔"文化体验区，令进店的用户倍感亲切。

御泥坊虽然不是一个主营文娱业务的品牌，但通过对快闪店的打造，为自己的产品赋予了文化特质，用情怀感染用户，取得了成功。

4. 创新玩法，玩转互动

线下体验的作用是使产品能够近距离地触达用户，弥补线上传播的不足。因此，一定要充分发挥线下体验的优势，使品牌能够与用户深入互动，并通过各种新颖的玩法吸引用户，引爆消费市场，为品牌带来尽可能多的流量。

例如，爱奇艺曾经在北京、上海、广州、成都、深圳五大城市接连推出了 34 场线下活动，吸引了近 10 万人参加，其中包括粉丝见面会、嘉年华、演唱会等。在举办线下活动时，爱奇艺还根据不同城市的特点设计了二次元、潮酷、脑洞等主题，并配以密室、迷宫、嗨歌舞台等多重场景，让用户体验到了互动的乐趣。

综上所述，我们在设计线下体验流程时，要将以上四点充分体现出来，使 IP 落地，贴近人们的现实生活，打开新的流量入口，加速 IP 的传播，为打造出爆款 IP 奠定基础。在玩转线下沉浸式娱乐，致力于 IP 落地的品牌中，万娱引力打造了一个品牌——"触电"系列。

万娱引力在线下营造了 IP 场景，使参与者可以在现实中与 IP 角色进行互动，融入到故事中，并能在关键节点推动剧情的走向，进而获得沉浸式体验。此举极大地提升了 IP 的影响力，将 IP 的线下互动作用最大限度地发挥了出来。

此外，万娱引力还打造了《触电·仙剑奇侠传》系列。该团队在北京朝阳大悦城打造了大型沉浸式娱乐项目"触电·仙剑奇侠传之初入江湖"，选取了李逍遥和赵灵儿初入江湖时的故事作为主线，吸引了不少人前来参与。

之后，万娱引力又与位于浙江嘉善的旅游地产项目"新西塘·越里"签订了合作协议，为其打造了占地超过 3000 平方米的"触电·仙剑奇侠传之锁妖塔"项目。在设置场景的过程中，万娱引力采用了先进的 Projection 3D Mapping 技术，使场景更为立体，与四周山清水秀的自然景观融为一体，给参观者带来极强的代入感。

万娱引力将北京地铁 4 号线的车厢打造成仙剑车厢。在仙剑车厢中，乘客能看到诸如仙剑客栈、仙灵岛、水月宫等场景。这个别具一格的车厢一经推出，便立即成为"网红"，上了微博热搜，引发众多粉丝的热议。很多粉丝都在网上晒出了自己的"打卡图"，一些仙剑迷还特地组织了"仙剑地铁观光团"，组团体验仙剑车厢。

万娱引力的其他爆款项目还包括"触电·整容液""触

电·暗黑黎明2""触电·东部世界"等。在这些爆款项目中，每个粉丝都能在线下亲自体验以往只能在影视剧或者游戏中看到的场景，并与IP人物互动，触发各支线剧情，改变故事的发展脉络，使自己充分沉浸到故事中，获得更多的参与感和自由度，体会到前所未有的乐趣。而品牌的IP也在打造线下体验的过程中逐渐深入人心，成为爆款。

线下体验作为品牌与粉丝"亲密接触"的窗口，将成为文娱行业必不可少的流量入口，帮助IP快速传播。因此，设计一套完善而有创意的线下体验流程将是每一个品牌的重要工作。

线上、线下联动的智能文娱体验

在智能文娱时代，公司要想打造出一款现象级IP，使其迅速引爆市场，仅靠线上或者线下的单一渠道是行不通的。因为线上和线下这两种传播途径各有优势和劣势。例如，线上渠道具有传播范围广、速度快、流量大等优势，但也有与粉丝缺乏互动，无法近距离触达粉丝的劣势。线下渠道虽然可以给粉丝带来沉浸式的娱乐体验，能帮助公司更精细化地维护粉丝，但却受到空间局限性的影响，覆盖范围比较窄，无法实现快速、广泛的传播。

由此可见，线上渠道和线下渠道实际上是可以相互取长补短的。公司在开发IP时，不能局限在单一的模式中，要以IP为核心，实现多媒体、多渠道、多层次联动，使IP全方位触达粉丝，给粉丝带来更丰富的智能文娱体验。这样才能让 IP 在粉丝群中掀起热潮，引起轰动，进而快速吸引粉丝，提升影响力和知名度。

那么，公司应该如何为粉丝打造线上和线下联动的智能文娱体验呢？IP 宣传结构图如图 4-2 所示。

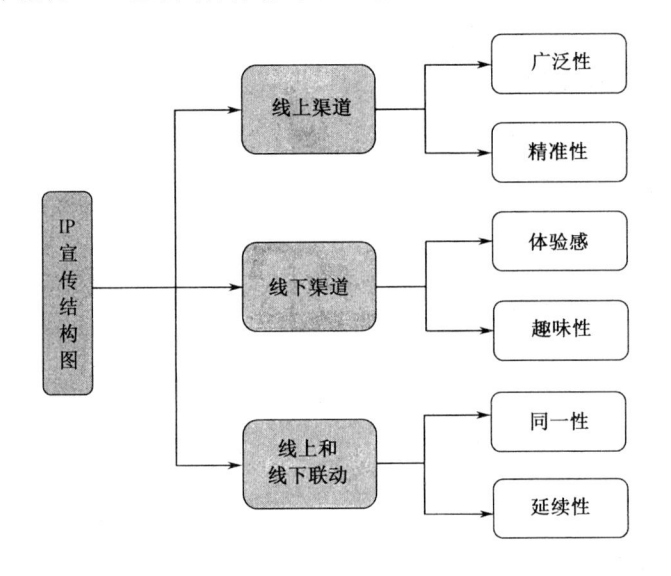

```
                    ┌─ 线上渠道 ─┬─ 广泛性
                    │            └─ 精准性
IP宣传结构图 ───────┼─ 线下渠道 ─┬─ 体验感
                    │            └─ 趣味性
                    └─ 线上和    ─┬─ 同一性
                       线下联动   └─ 延续性
```

图 4-2　IP 宣传结构图

在线上渠道方面，要强调广泛性和精准性。由于线上的平台和媒介众多，我们就要尽可能扩大传播范围，使 IP 频繁出现在粉丝面前，并结合时事热点，利用信息的"狂轰滥炸"吸引眼球，以获得尽可能多的关注。同时，还要利用大数据、人工智能等技术，深入了解粉丝，绘制出粉丝画像，划分出受众人群，实现 IP 的精准触达。

在线下渠道方面，要强调体验感和趣味性。在开展线下体验活动时，要以给粉丝带来沉浸式的娱乐体验，彰显 IP 的风格和魅力为目的，采用各种先进手段，营造与 IP 相关的场景和氛围，使粉丝能够亲身参与，深入互动，在其获得快感的同时，加深对 IP 的好感。同时，还要创新玩法。采用多种方式调动粉丝的热情和积极性，适时贴心地为粉丝带来一些小惊喜，与粉丝深入互动、交流，使粉丝获得满足感。

在线上和线下联动方面，要强调同一性和延续性。无论线上还是线下，都要保证 IP 能以相同的风格、相同的样式展现在粉丝面前。也就是说，要让线上和线下在 IP 宣传上互为扩展和延伸，给粉丝留下一个统一的、鲜明的印象。这一点至关重要，因为线上和线下在 IP 宣传上的脱节，必然会导致 IP 形象弱化。这样不仅不能使线上和线下的宣传起到相互促进的作用，还会产生反效果，使 IP 形象变得模糊不清，无法给粉丝留下深刻的印象。

此外，还应该在宣传时，将线上和线下融为一体。例如，公司可以在线上的社区和社群中发布话题，引起粉丝的热议，而后在线下活动中也使用这个话题，使线下活动成为这个话题的延续。此外，也可以在线上同步直播线下活动，让线上的粉丝实时参与线下活动，进一步扩大线下活动的参与度，提升线下活动的影响力。

总而言之，要充分利用线上渠道和线下渠道的优势，将这一优势发挥到极致,还要将这两个渠道融为一体,从整体上为IP宣传造势,使IP更为立体丰满。例如,爱奇艺曾经在线下举办过一场"夏日青春漾尖叫之夜"演唱会。在演唱会上,乐坛实力歌手及新生代偶像相继登台,为粉丝带来了一场音乐盛宴。与其他演唱会不同的是,该演唱会首创了"音乐+IP"模式。主办方利用科技手段,实现了线下和线上联动的多元直播。

在线下,粉丝可以在演唱会上与明星亲密接触,获得极大的满足感和成就感;在线上,爱奇艺又为粉丝进行了直播,并利用自身庞大的互联网资源,在全网为演唱会造势,引起粉丝的热议,实现了线上与线下的实时互动。

此外,爱奇艺还通过"PAO PAO FANS 主题日""与爱豆的甜蜜下午茶""爱奇艺 PAO PAO FANS 主题咖啡店"等使IP在线下场景中获得了多样化展现,突破了线上单点模式的壁垒,塑造了全方位互动的网状结构,提升了IP的影响力和知名度。

我们再来看看优酷利用线上和线下联动,推广动画IP《京剧猫》的案例。由优酷出品的动画《京剧猫》收视成绩优异,全网播放量达到数亿次,还创下了北京卡酷卫视历史同期最高收视份额的记录,是同时段全国少儿频道收视冠军。

在《京剧猫》第二季热播期间,优酷与龙湖天街合作,将动画中的场景搬到了现实中,打造了一场线上和线下联动的嘉年华活动。优酷之所以选择与龙湖天街合作,有两个原因:一是龙湖天街的定位与朝阳大悦城不同，并非主打年轻时尚的风格，而是主打亲子互动游乐园，其主力消费人群与《京剧猫》的受众相契合；二是龙湖天街具有环境优势，方便活动的开展和IP的快速传播。

嘉年华活动耗时两个月，其内景以《京剧猫》主角"白糖"的家乡"咚呛镇"为原型。在现场，小朋友可以和"白糖"亲密接触，还可以扮成动画中的角色快乐地玩耍。此外，著名声优杨鸥、李正翔及歌手郁可唯到现场助阵，并在线上同步直播。

优酷将动画IP原汁原味地落地到线下，又将线下活动引至线上传播，充分发挥了线上和线下的优势，为孩子们带来了欢乐，也使《京剧猫》获得了孩子们的欢心。

线上和线下联动能使IP获得广泛传播，并能帮助IP的运营方精细化维护粉丝，保持IP热度，使IP形象逐渐深入人心。

轻量化发展的智能文娱设计理念

如今，人们只要用手指轻点手机，就可以轻而易举地浏览信息，找到喜闻乐见的、无须思考的、简单直接的答案，并从中获得片刻的轻松和欢愉。久而久之，这会成为人们的习惯，使人们更加愿意"短平快"地了解一些粗浅的、通俗的知识，而不再愿意花费心思去深入探究一个问题的真相。

当下的信息丰富多样，人们会有选择性地看自己愿意看的内容，如更容易理解的内容、无须花费太多时间就能获得愉悦的内容等。所以，内容的形式就相应地由文字演变成视频，又从视频演变成短视频。总之，文字越少越好，视频越短越好，这已经成为很多公司设计智能产品的方向。我们将这种发展趋势称为轻量化发展。

在智能文娱时代，随着技术的广泛应用，轻量化的产品将更受欢迎。它们就像人们餐后的一道小甜点，会让人们在工作之余得以享受一小段温馨愉悦的时光。那么，应该如何设计轻量化的产品呢？笔者认为要遵循以下三个原则。

原则一——Less is more。

"Less is more"是路德维希·密斯·凡·德·罗在建筑领域提出的观点。近些年来，这个观点不断被用于创作领域，意为"少即是多"。在设计轻量化的产品时，设计师要尽可能地求少。例如，人们的业余时间是碎片化的，很难有精力和耐心去看一部连篇累牍的作品。短的作品正好可以有效填补人们业余时间的空白。当然，作品更要有内涵，这样才能吸引读者，获得更多的粉丝，进而得到广泛传播。

所以，我们就要尽可能缩减那些与主题关联不大的修饰性内容，用最短的篇幅突出主题，直击痛点。例如，在抖音上，短视频虽然大多不超过 15 秒，但都很有意思。其中很多有创意的舞蹈会使人眼前一亮，让人会心一笑。人们在看这些短视频时，往往会因为花费的时间很短而不假思索地看下去，进而沉浸在快感中。

此外，抖音上还有很多反映社会百态的短视频，大致包含以下几类：街头随拍；一些典型的、有内涵的微信聊天记录截屏；富有内涵的职场教学；情侣或夫妻生活小故事。这些短视频虽然并非都具创意，但因迎合了当下人们的心理需求，而拥有广阔的市场，让人们百看不厌。

因此，轻量化的产品应该是大众化、通俗化的，其创意未必新颖，但一定要有趣味性，并贴合大众的心理。

原则二——减少繁复的操作，突出休闲性。

轻量化的产品的价值在于给人们带来轻松闲适的体验，让人们获得快乐，忘记生活中的烦恼。因此，秉承着这样的理念，我们应该尽量减少产品的复杂度，以休闲性和趣味性为前提。例如，在当前的游戏市场中，休闲类的游戏相继涌现，而传统硬核游戏的比重则在逐年减少。这标志着游戏的设计已经开始朝着轻量化的方向发展。

其实，早在十几年前，游戏界就有硬核玩家和休闲玩家的区分。硬核玩家喜欢玩对操作要求较高的硬核游戏；休闲玩家则以打发时间为主。近年来，虽然玩游戏的人比十几年前多，但是硬核玩家在减少，很多技能复杂、操作难度大的游戏似乎变得越来越小众化。

这是由当下快节奏的生活方式决定的，毕竟人们的生活越来越忙碌。人们在辛勤工作了一天后，自然渴望获得放松，没有必要再到游戏里面"吃苦受累"。由此可见，休闲性是轻量化的表现形式之一。我们在设计轻量化的产品时，要保证不烧脑、不复杂，不要设置太高的难度，要以最简化的操作，为用户带来最大的乐趣。

原则三——贴近百姓生活，填补市场空白。

产品只有贴近生活，才能引发人们的情感共鸣，获得人们的认可和欢迎。轻量化的产品更应该如此，因为轻量化的产品往往并非大制作，不能以炫酷的场景特效、人气明星取胜，所以，应以"接地气"为原则，寻找人们关注的话题，贴近人们的生活，取得人们的认同，进而填补市场在这一领域的空白。

例如，湖南卫视有一档综艺节目，名为《我家那小子》。这是一档亲情观察类成长励志节目，没有流量明星，没有特定的人设安排和剧情设计，而是另辟蹊径，以探究"空巢青年"的日常生活和心理状态迅速走红。

《我家那小子》邀请了几个明星的母亲，在现场观看儿子的日常生活片段。这些明星都有一个相同的特点，那就是未婚并且独居。该节目通过让母亲聊一些家庭琐事，向观众展现平和朴实、温馨自然的亲情。这样的设计与当下的社会现状非常契合。

在节目中，每一个单身青年都能从明星的日常生活中看到自己的影子，每一位父母也都可以感同身受。凭借贴近百姓生活和极强的代入感这一优势，该节目一经播出，收视率便直线走高，迅速获得了广泛的关注。

由此可见，要想设计出轻量化的产品，就应该贴近生活，营造情感共鸣。"接地气"是轻量化产品的基本特征，也是我们在设计轻量化的产品时应该秉持的基本理念。

消费级应用新理念

投影仪是日常生活中十分常见的物品。如果你把投影仪对准墙壁，看到的就是显示器上的画面。只要墙壁没有凹凸不平，那么投影仪输出的图像纵横比就会与显示器上的画面相同。但是如果墙壁不是平整的呢？这就是当下要解决的问题。

例如，在人脸识别的基础上通过投影技术实现"一键换脸"，对于当下的投影技术来说就十分困难。当投影仪投影一个物体时，计算机会根据这个物体的三维形状改变视频或者图像，使最终的投影结果与投影载体相匹配。这也代表着我们在屏幕上看到的是相对失真的版本，AR 体验也无法在不扭曲的状态下完成。

Lightform 是一家初创公司，主要运营全息图。该公司研发了一个设备，这个设备可以很容易地扫描几何图形，并将投影产生的数字动画和静态物体叠加在一起。更重要的是，这个设备还能安装在任何投影仪上，并将 AR 效果带到一个任何可供投影的物品表面。

此外，Lightform 旗下的桌面软件能够帮助用户编辑投影仪与被投影空间的交互效果，允许用户在投影的过程中自行添加 AR 效果。在此基础上，Lightform 也为用户提供了一种全新的解决方案。Lightform 能够连接任何一台投影仪，快速扫描相对复杂的场景，并将场景映射到任意平面上，创建有趣的图片。

投影技术涉及许多高新软件的操作及繁杂的工作程序。从最初的扫描、三维建模到校准核实，每一个环节都需要不同的技术人员，这是非常复杂且麻烦的。Lightform 的产品易于使用，用户可以轻松实现三维扫描、内容创建、安装等。

通过计算机视觉和人工智能等技术，Lightform 帮助用户省去了很多复杂的操作。例如，利用计算机视觉，系统可以自动进行校准核实。当被投影的物体移动时，投影的图像也会随之移动，从而避免了投影区域的偏差情况。

除此之外，Lightform 创建的桌面应用程序能够轻松地为场景创建相应的动画内容。Lightform 使用获得的数据，辅以计算机视觉和人工智能，进行内容的创建，并且由 Wi-Fi 控制画面的整体投放。

类似的案例还有很多，越来越多的公司级、工业级的技术，逐渐向消费级应用转变。智能文娱将和最新的技术一起为用户助力。

第5章

智能文娱的创意来源

作家崔岱远在《京味儿》中说:"生活的美味在于有创意的发现和精心的制作。"每一部文娱作品其实都是一道"菜肴",饱含生活中的酸甜苦辣,具备各种各样的风格和特点,宣扬各种各样的情愫,给人们带去欢欣、慰藉和感动。

菜肴是否美味关键在于食材的选择是否合适,同样,文娱作品能否获得大众的认可关键在于作者是否找到了有创意的素材。那么,应该如何寻找创意呢?其实,创意就来源于生活中的每一处细节,就看我们如何挖掘。本章就和大家探讨一下智能文娱的创意来源。

创意来自文学、艺术和科学等多方面

受社会环境、资本化及商业化过度运作的影响,在文娱行业中,创意似乎逐渐变成了一种奢侈品。这是我们不得不面对的一个现实。例如,在网络文学中,一位作者开创了一种风格和文体后,跟风者便会一拥而上。从题目到叙事手法,再到语言风格,跟风者都会模仿这位作者,以求蹭上热点,博得关注。

《鬼吹灯》开创了盗墓题材,之后盗墓类小说层出不穷。此外,很多影视剧和综艺节目也都热衷于拾人牙慧,缺少创意和新鲜感。

可以说,剧情雷同、格调单一的作品注定难以获得人们的青睐。这就好比我们看一个笑话,在第一次看时会觉得很好笑,可看了几遍以后,就会觉得很无聊。

如今,智能文娱时代来临,科技手段只能在一定程度上改善人们的感官体验,却无法让人们获取情感上的陶冶和关怀,也无法让人们眼前一亮。人们需要有创意的优质作品,敢于独立创作的优秀作者需要改变目前的情况。

那么,创意来源于哪里呢?创意来源于文学、艺术和科学等方方面面,需要认真观察、涉猎广泛的开拓者们勇敢地去挖掘。

当我们在文学领域寻找时,创意来源于家喻户晓的文学作品和文学大家们。例如,搜狗曾经与《中国有嘻哈》合作,推出了一款非常有创意的广告《唐朝有嘻哈》。在广告中,我们可以看到两位著名的唐朝诗人李白和杜甫的皮影戏形象，这两位诗人在颇具古风的皮影戏背景下唱起了 Rap，还互相吐槽，不禁令人捧腹大笑。

我们都知道，嘻哈有洒脱、另类、个性的特点，而皮影戏、诗歌、唐朝诗人等作为中国传统文化符号具有庄重、文雅的特点，当这两种元素融于一体时，必定会碰撞出奇特的火花，给人带来强烈的感官上的冲击。其表达方式鲜明生动，令人印象深刻。

当我们在艺术领域寻找时，创意来源于我们对艺术作品的理解和对艺术场景的再现。例如，上海世博会推出了"会动的《清明上河图》"展览。《清明上河图》是我国的十大传世名画之一，是我国的艺术瑰宝。在 5 米多长的画卷里，北宋画家张择端通过对大量人物、房屋楼宇、车马船只的描绘，详细记录了当时汴京的繁华盛景。

"会动的《清明上河图》"展览将投影技术、三维制作、电影融合在一起，使图中的人物、牲畜都被激活了。在图中，我们可以看到行走的人群、骑着骆驼的商队、潺潺的流水、喊号子的水手，还有在酒馆里忙碌的小贩和食客们。

这种采用现代科技手段对《清明上河图》的创意改造，丰富了原画的艺术表现力，使原画更形象、生动，使这个流传千年、感染无数人的历史名卷有了新的表现方式。

当我们在科学领域寻找时，创意来源于我们对技术的掌握和认知。例如，达·芬奇把自己对科学的见解融入艺术创作中，通过对人体"解剖"般的临摹，描绘出了让整个世界为之惊叹的名画《蒙娜丽莎》。

摄影家王小慧在纳米科技园，用纳米照相机对残破的虾壳拍照，得到了海天相间的美景；对剪下的指甲拍照，得到了标准的日式水墨画。瑞士艺术家 Fabian Oefner 利用带磁液体创作出很多色彩、形态颠覆想象的视觉画作。

创意既是平凡的，又是弥足珍贵的。它的平凡之处在于它也许是我们生活中不经意的一瞬间，是那些我们曾经熟视无睹的东西；它的珍贵之处在于它的稀有、创造力、想象力，而且它总能化腐朽为神奇，使平凡的东西焕发出绚烂夺目的光彩。

一个优秀的内容制作者应该在生活中挖掘创意，为人们带来优质的作品。我们不能单纯地用金钱来衡量作品的价值，因为创意是无价的。所以，我们在创作时要有一颗真诚的心，认真、专注地去挖掘创意，隔绝金钱所带来的喧嚣和浮华。

此外，我们也要有骨气和胆气，敢于去挑战未知，拒绝平庸，切勿随意模仿他人用过的手法，坚持用独一无二的创意为作品注入灵魂，使之成为广为流传的经典。这也是我们应该努力奋斗的目标和必须具备的职业素养。

原创内容与非原创内容

顾名思义，原创内容是作者通过自己的独立思考创作出来的内容。也就是说，作者在创作原创内容时，要保证作品从构思到完成的整个创作过程都是由自己独立完成的。原创内容要具有独立性和唯一性，其版权完全归作者所有。

原创内容是 IP 的基础和源头。正是由于原创内容的存在，文娱市场才拥有了不竭的活力。当下，很多内容平台都聚集了大量优秀的原创作者，如知乎、微信公众号、今日头条等，这些内容平台最大的优势在于有公平的利益分配机制。

诚然，很多原创作者并不是为了利益而创作的，但不可否认的是，创意也要变现。专职的原创作者也要生活，需要用创意换取经济上的回报。所以，完善利益分配机制，营造鼓励原创的土壤，使创意的种子生根发芽，是每一个内容平台的责任。

中国知名的内容平台知乎就为原创作者营造了非常好的创作氛围。

（1）答案质量越高，排名越靠前。知乎的排名完全以答案质量为标准，只要答案质量高，无论作者有多少粉丝，都可以获得靠前的排名，获得广泛传播。相比之下，有些内容平台的文章传播量和粉丝基数有很大的关系，即作者名气越大，粉丝越多，其文章传播越广泛。

（2）优质答案可以获得长尾流量。知乎对于优质答案的鼓励不仅体现在排名上，还体现在时间上。在知乎上，一个优质答案可以随着时间的沉淀不断获得点赞，提升排名，从而获得长期的曝光度。而有些内容平台的文章可能短短几天就会沉寂下去，无人关注了。

（3）公平的话题推荐机制。知乎将话题划分为很多类别，并将这些类别放在了首页、导航等多个位置。用户可以根据自己的兴趣爱好选择相应的类别，进而看到话题中的优质答案，让优质答案得到更多的曝光机会。

知乎这种"以质量论英雄"的机制显然更为公平，也为那些有才华的创作新手提供了更好的发展空间。此外，知乎还为原创作者提供了以下八大权益。

权益一——数据分析。通过知乎的作者中心一栏，作者可以分别看到自己的内容在过去7天、14天和30天的整体表现，以充分了解内容的传播效果。

权益二——问题推荐。知乎会利用算法了解作者的历史回答、关注和浏览等信息，从而为作者精准推荐其可能感兴趣的问题，促使作者发挥所长，创作出更多优质的内容。

权益三——内容自荐。作者可以将自己最为满意的内容向知乎推荐，使其出现在推荐页面上，从而获得更多的流量。

权益四——回答赞赏。作者可以在自己的回答中开启赞赏功能，接受粉丝的打赏，使内容变现。知乎会在 10 个自然日内将相应打赏款项转至作者的余额中。

权益五——自定义推广。作者在获得"自定义推广"权益后，可以将自己比较满意的内容设定成"作者推荐"卡片。当作者在知乎上发表了一篇文章或回答过一个问题后，这个"作者推荐"卡片就会显示在文章页或者回答页的下方，吸引粉丝阅读。

权益六——品牌任务。作者在拥有了足够多的粉丝后，可以开启"品牌任务"权益，为一些品牌商撰稿，并获得相应的广告收入。

权益七——知乎Live。作者可以开通知乎Live，并为其设定准入票价标准。粉丝在支付相关费用后可以进入沟通群，与作者实时互动，了解自己感兴趣的知识，开阔视野。

权益八——作者经纪。知乎可以为作者量身打造各种推广策略，并提供出版等相关服务，帮助作者提升知名度和影响力。

知乎通过对机制的设定，从各方面加大对原创内容的扶持力度，也使自己成为凝聚原创力量，汇聚各种创意和知识的大本营。

与原创内容相对的是非原创内容，指的是作者完全或部分抄袭了其他作品的内容或者创意而创作出来的作品。非原创是每一个作者都应该杜绝的。

如今，在市场上流行的非原创作品依然很多，一些作者未经原著作者授权，便顶着改编之类的头衔，对原著进行肆意删改、拼接。这样的作品看似是作者独立完成的，但还是借助了原著的知名度，来获得广泛传播。此举是不可取的，会侵犯原著的权益。

例如，在短视频领域，随意拼接和剪辑原创作品的现象非常严重。一些作者从经典的文艺作品或者网络视听节目中截取片段，将其拼接在一起，并重新配音、重配字幕、篡改原意。这样做只是哗众取宠，我们应该坚决抵制。

《关于进一步规范网络视听节目传播秩序的通知》指出，当前一些网络视听节目在制作和传播上不规范的问题十分突出，有的节目歪曲、恶搞、丑化经典文艺作品；有的节目擅自截取拼接经典文艺作品、广播影视节目和网络原创视听节目的片段，或者重新配音、重配字幕，以篡改原意、断章取义、恶搞等形式吸引眼球，产生了极坏的社会影响。

基于此，国家广播电视总局提出了四点要求：一是坚决禁止非法抓取、剪拼改编视听节目的行为；二是加强网上片花、预告片等视听节目的管理；三是加强对各类节目接受冠名、赞助的管理；四是要求各级广电机构严格落实属地管理责任。

由此可见，国家广播电视总局坚持保护正版，鼓励原创，杜绝一切涉嫌抄袭、恶搞原创作品的行为。这表明了国家大力整顿文娱市场，打击盗版，鼓励原创的决心。相信在政策的引导下，文娱市场将迎来更多高质量、充满新意的原创作品，丰富我们的文娱生活。

专业生产内容

专业生产内容（Professional Generated Content，PGC）指的是由专业团队或机构制作出来，通过互联网传播的内容。PGC的特点是制作流程非常专业，形式更多元化、个性化，传播速度更快、覆盖面更广。如今，PGC的发展势头十分迅猛，优酷、腾讯、爱奇艺、搜狐等著名视频网站相继投入巨资，攻城略地，吸引了大量的粉丝。例如，优酷的自制剧《万万没想到》、知识类脱口秀节目《罗辑思维》；爱奇艺的脱口秀节目《晓松奇谈》、个性化服务节目《女神约片室》等。这些节目制作精良，主题鲜明，获得了广泛传播，吸引了流量。它们在成为热门IP后，又吸引到了品牌商的巨额投资，逐步发展壮大。

广阔的市场前景吸引了很多资深媒体人加入PGC创业者的行列中。例如，《罗辑思维》的制片人罗振宇曾经在中央广播电视总台工作；主持人、制片人马东加入了爱奇艺，制作了《奇葩说》等。

随着移动互联网的发展，人们收看节目变得更为便捷，网红直播突然兴起，凭借随走随播和能与用户互动等PGC不具备的优势，迅速"收割"了大量的粉丝，也使得资本发生转移。一度火热的 PGC 行业进入了转型期，很多从业者和创业者开始谋求新的发展方向。

如今，PGC 行业已经向短视频领域扩展，转战新兴战场。今日头条率先出手，斥资数亿元补贴作者，而后微博、微信等其他平台也相继加入，为 PGC 创业者提供支持。

在资本收缩、流量分散的情况下，身处 PGC 行业中的我们应该如何走出困局，成功突破重围呢？笔者认为应该从 3 个要素着手，如图 5-1 所示。

1. 针对流量：多平台发展
2. 针对内容：挖掘自身优势
3. 针对变现：多途径变现

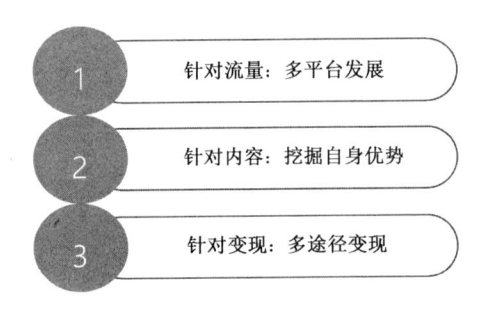

图 5-1 优质 PGC 的 3 要素

1. 针对流量：多平台发展

PGC 的传统制作平台是优酷、爱奇艺、腾讯等各大网站。然而，如今受整体环境的影响，这些网站的扶持力度已经大不如前。网站自身的流量被分散，使得 PGC 的流量也大幅下降。因此，为了获取流量，保证内容有足够大的曝光度，我们应该尝试多平台发展。

我们既要在传统平台上发展,也要积极涉足诸如今日头条、微博、微信等新媒体平台,实施全网传播策略。这样当我们"失宠"于一个平台后,还可以根据内容调整平台,挽救流量,降低风险,增强内容的生命力。

2. 针对内容:挖掘自身优势

根据"二八法则",在文娱行业中,20%的优秀作品会占有80%的流量。制作精良的作品会受到粉丝的欢迎,逐渐崭露头角。因此,打铁还需自身硬,我们要使自己的内容获得关注和好评,归根结底还是要藏器于身,对内容进行打磨,努力提升内容的质量。

首先,找准内容的优势,精准定位粉丝。

例如,由录客(Looker)与腾讯星座联合出品的星座节目《星座呦呦秀》就充分迎合了年轻人的喜好,取得了很好的成绩。

星座是年轻人经常谈论的热点话题,《星座呦呦秀》瞄准了年轻人的共同爱好,对他们在情感、社交方面的需求进行了细致分析,并结合星座,联系当下热点话题,为他们提供专业的星座运势解析。

在内容制作上,主办方竭力打造精品,请来国内著名占星师、星座心理训练师裴恩常驻节目，又与国际著名占星师苏珊·米勒和英格丽·张进行独家合作。此外，主办方还推出了诸如"12星座脱单""12星座明星八卦"等系列内容，吸引了大量的粉丝。其后，主办方又推出了"星座番剧"系列，以搞笑的动画形式讲述十二星座的故事。该系列仅播出一个月，点击量就超过了1000万。

由此可以看出，《星座呦呦秀》准确抓住了年轻人的心理需求，明确了内容的定位和优势，并对内容进行了细致打磨，才取得了如此巨大的成功。

其次，弥补自身不足，积极适应市场的发展趋势。

与直播相比，PGC的不足在于与粉丝缺乏互动。那么，我们就应该积极在微博、微信等平台上发布作品，以增加与粉丝的互动，适应当下的流行趋势。

例如，魔力TV旗下的纯爱唯美影像系列作品《小情书》就以简短且唯美浪漫的感情故事受到了粉丝的欢迎。《小情书》每一集虽然只有5分钟，但讲述了饱含温情的爱情故事，专注于描绘萌动的情感，刻画最清纯的爱情，直击潜藏在人们心中最真挚的情感。

《小情书》自从在各大平台播出以来，便迅速走红，而后又在微博上与粉丝加深互动。其成功充分说明了描绘优质故事，与粉丝展开互动的重要性。这样可以加速内容的推广，进而获得与直播相同的互动效果，助力 IP 发展。

3. 针对变现：多途径变现

PGC 的变现途径有如下四种。

（1）广告植入。PGC 作者拥有较为细分的粉丝，那么，调性相同的品牌商可以与其合作，在视频中推广产品。因此，PGC 作者可以通过植入广告获取广告费用。

（2）IP 开发。PGC 作者在获得了大量的粉丝后可以开发 IP 衍生品，制作相关的影视剧和小说、歌曲等，以赚取收益。

（3）场景付费。PGC 作者可以通过粉丝的打赏和付费收看赚取收益，不过这种方式使用率低，也不被看好。

（4）电商变现。PGC 作者可以通过在淘宝、京东等电商平台开设网店，售卖与内容相关的产品获得收益。例如，《造物集》在电商平台上线的第一天就获得了十几万元的利润。

多样化的变现渠道可以方便我们最大限度地获取粉丝带来的收益，维持 IP 的运营和发展。PGC 行业在经历了前期的狂热与震荡后，现在已经回归理性，步入正轨。在机遇与挑战并存的市场中，我们不能盲目试探，要抓住粉丝的心理，科学运营，才有可能成功。

用户生产内容

用户生产内容（User Generated Content，UGC）指的是用户自己制作，并通过互联网发布的内容。PGC 与 UGC 最大的区别就是 PGC 是由专业团队制作的内容，而 UGC 是由用户制作的内容。也就是说它们一个是装备精良，创作手法专业的"正规军"，一个则是相对业余的"散兵游勇"。由于制作水平的差异，相对而言，UGC 可能会比较粗糙。

但反过来说，正是由于制作门槛低，对技术的要求不高，因此很多没有受过专业指导，却极具创意的用户都可以参与，这就使得 UGC 行业的草根性和亲民性大大增强，玩法也较为随性多样，能贴合粉丝的心理，满足粉丝深入互动的需求。

在 20 世纪 90 年代，随着互联网的出现，一些能发布作品的网站就是 UGC 的雏形；其后，随着技术的进步，媒体应用逐渐增多，公众发表观点与展示才艺的途径越来越多，UGC 的形式和传播手段也更多样。例如，论坛、贴吧、博客、微博、微信等先后成为 UGC 的主阵地，其形式也相应地由文字变为图片，再由图片变为视频。

此外，短视频的持续火爆使很多 UGC 作者一夜成名，网红时代如期而至。现在，几乎每个月、每一周都会有新晋的网红产生。这些网红以极具个性和张力的内容，吸引了大量的粉丝，名噪一时。

在短视频领域，快手和抖音是当之无愧的领军者，处于第二梯队的平台为火山小视频和西瓜视频。在这4个平台中，除了西瓜视频以 PGC 为主打，其余3个皆以 UGC 为主打，它们的内容侧重点和受众也有所区别。

快手在内容运营上采取自下而上的策略，即会重点推荐发布时间较新、热度不高的短视频。我们可以看到，在快手的首页推荐中，基本没有超过10万个赞的短视频。快手这样做的目的是让创作新手也能分得流量，获得关注，进而打造出一个多样化的普通人生活广场。

在使用界面上，快手呈现的是封面的预览，每一个封面上都有一段关于内容的文字叙述，用户可以根据这段文字叙述，选择自己感兴趣的短视频进行观看。

相对快手而言，抖音主打美好生活的记录，在内容运营上采取自上而下的策略。也就是说，抖音会根据短视频的热度（点赞、转发、评论）给予相应的推荐力度。我们打开抖音以后，可以看到其推荐的短视频几乎都是点赞量超过10万的精品内容。

抖音并不看重发布时间，只要短视频的质量高，即便发布于几个月前，也会被推荐给用户。而且抖音还邀请了明星入驻，进一步提升了自己的人气和质量。

在使用界面上，抖音采取的是全屏播放的信息流推荐。其通过算法直接将短视频推荐给用户，省去了用户选择的时间。

用户在观看了当前的短视频后,会期待看到下一个短视频。此外,抖音还为作者提供变速拍摄功能和背景音乐,进一步降低了创作的门槛。

如今,快手和抖音的第一梯队地位已经非常稳固。第二梯队的火山小视频和西瓜视频则聚焦三四线城市和农村,也取得了不错的发展。而第三梯队的好看视频、波波视频、快视频、秒拍、美拍等虽也取得过不错的成绩,但由于定位不明确,上升后劲明显差一些。

从用户的角度来说,在风格上,搞笑、幽默类短视频最受欢迎,观看此类短视频的用户占比达到了61.4%;观看生活技能展示类短视频的用户占比44.7%;观看新闻现场类、明星类和美妆类短视频的用户占比均超过了30%。

在时长上,1~2分钟的短视频被观看的次数最多,最受用户欢迎;31~60秒的短视频其次;不超过10秒和超过5分钟的短视频相比前两者而言,点击率大幅下降。这主要由当下人们娱乐猎奇的观看心态和碎片化的观看时间所致。

UGC行业在短视频的带动下蓬勃发展。然而,在一片大好的形势下,该行业也面临很多挑战。UGC都是由用户制作内容的,但用户的素质参差不齐,创作出来的作品质量也就无法保证。总而言之,短视频领域的UGC普遍存在两大问题。

(1)作品同质化严重。UGC作品虽然多,但类型较为单一，缺乏创新。

（2）作品格调不高。当下，有些 UGC 作品为了吸引眼球、搏出位，而恶搞无下限、打擦边球、造谣生事，严重败坏社会风气。

这种为了追求红利而野蛮无序的生长会给 UGC 行业带来种种问题。针对此种情况，相关部门出台了短视频管理规定，出重拳对短视频进行整改和规范。此外，政府还要求包括快手、抖音在内的平台进入整改期，并约谈或者点名批评了多家平台。

在政府的大力管控下，UGC 行业已经逐步进入正轨，UGC 作品也更积极、健康。一些优秀的 UGC 作者也开始转型，组织专业团队打造精品内容，向 PGC 的方向发展。

机器生产内容

机器生产内容（Machine Generated Content，MGC）即机器人与人混合生产内容，是由机器人进行主体创作，辅以人的审核和校对而制作出的内容。如今，智能文娱时代到来，人工智能已经逐步被应用到文娱行业的各个领域。当然，这其中也包括内容创作领域。

《华盛顿邮报》开发出了一个新闻撰写机器人 Heliograf。记者和编辑在使用 Heliograf 前，只要制作好叙事模板，并写上涉及新闻结果的词句，Heliograf 就会以叙事模板为依据，在数据交换网站 VoteSmart.org 的结构性数据源中识别、筛选相应的数据，与词句进行匹配，撰写新闻。该机器人还可以为不同的发布平台提供不同版本的新闻。

在国内，机器人在内容创作领域也获得了广泛应用，例如，腾讯的写作机器人 Dreamwriter 等。据悉，Dreamwriter 用时不到 1 秒，便可以快速、准确地完成写作任务。其写作的稿件几乎与人类写作的稿件无异。

目前，Dreamwriter 依托大数据资源和交叉算法技术，能对体育赛事、新闻热点、市场行情等信息进行全方位监控和 24 小时自动播报，形成了高效互联的内容生产分发链条，帮助新闻媒体实现了实时报道。

除了 Dreamwriter，"媒体大脑"也取得了非常不错的成绩。"媒体大脑"是由新华智云科技有限公司自主研发的，融合了云计算、物联网、大数据、人工智能等多项技术，能为媒体提供素材采集、编辑生产、分发传播、反馈监测等服务。

具体来说，"媒体大脑"具有如下八大功能。

（1）通过摄像头、传感器、无人机等方式获取信息，自动采集新闻。

（2）自动识别语音并将其转化为文字，撰写稿件。

（3）从图片、视频中识别特定的人物或标识。

（4）监测新闻在全网 300 万个网站的传播情况，及时发现盗版违规、内容侵权等行为。

（5）根据用户的阅读偏好进行新闻分发。

（6）帮助媒体收集用户的特征和喜好，绘制用户画像。

（7）通过深度学习，与网友进行对话和互动。

（8）将文字转换为语音，通过智能家居、音响等向用户传播。

可以说，"媒体大脑"在一定程度上改变了新闻的制作和传播模式。

"媒体大脑"曾经帮助新华社创作了一个新闻视频，这个新闻视频的时长为 2 分 02 秒，但创作时间仅为 15 秒。就在这短短的 15 秒内，"媒体大脑"调用了超过上千台服务器，扫描了上亿个网页，分析了超过数百万条数据，将群众最为关心的热点问题准确地反映出来，实现了数据的可视化。由于有"媒体大脑"的参与，新华社的新闻更贴近生活，提升了受众的参与度，增强了传播力和引导力。

此后，新华社又向全球发布了媒体大脑 2.0——"MAGIC"智能生产平台。"MAGIC"是 MGC 和 AI 的组合。正如自己的名字一样，"MAGIC"其实是一个利用人工智能，生产、组装新闻的流水线。"MAGIC"以大数据、智能算法及人机协作为核心，涵盖了 4 个系统：智能数据工坊、智能媒资平台、智能生产引擎、智能主题集市。

（1）智能数据工坊是数据采集中心、数据加工中心、数据产出中心，能用爬虫等算法挖掘文字、图片、视频中的数据，并对数据进行梳理，使数据更清晰化和结构化。

（2）智能媒资平台可以将有价值的素材按照一定类别进行截取与切分，并存储起来，为后续的新闻积累大量有价值的资料。简单地说，它就是一个新闻素材宝库。

（3）智能生产引擎可以根据相关主题，有针对性地从智能媒资平台调取素材，通过自主渲染、配音合成制作新闻视频。通常来说，在智能生产引擎上，要生产一个 3 分钟的新闻视频不会超过 20 秒，而且还可以同时生产数万个新闻视频。

（4）智能主题集市是一个内容创意中心，能为作者提供主题和思路。

此外，相比"媒体大脑"，"MAGIC"的算力有了大幅提高，创作新闻的角度也更加多样化。但凡人可以想到的角度，"MAGIC"都可以自主生产。更有趣的是，"MAGIC"的学习能力和智能化程度也令人惊叹。

未来，MGC 将越来越多地被应用到内容创作中，并逐渐成为内容创作领域的重要组成部分。当然，机器人虽然能生产内容，但并不会取代人类的工作，而会成为人类的亲密伙伴，帮助人类更好、更有效率地完成任务。

第6章

构建下一代智能文娱

时代风起云涌，一场围绕着人工智能的科技革命正在轰轰烈烈地展开。各种新应用、新玩法、新理念相继涌现，让人目不暇接。同样，科技对文娱行业的冲击也非常大，身处文娱行业中的我们将面临一场重要变革。

我们是应该主动拥抱科技，在充满风险和机遇的道路上披荆斩棘，勇闯难关，还是被动地固守传统，"躲进小楼成一统，管他冬夏与春秋"？对此，我们需要做出抉择。那么，如何才能找到智能文娱的正确构建方式呢？本章就来为大家揭晓答案。

智能文娱时代的"ABC"

如果我们经常浏览资讯,肯定会发现一个有趣的现象,那就是人工智能(Artificial Intelligence)、大数据(Big Data)、云计算(Cloud Computing)这三个"小伙伴"总是会"手拉手"地出现,彼此形影不离,亲密无间。为什么会出现这种情况呢?原因很简单,这三项技术是相互关联、相互促进、相互补充的。

云计算是"容器",或者说是无数台虚拟计算机,负责管理计算资源、网络资源、存储资源,拥有巨大的容量。它可以根据人们的需要,凭借算法,在几秒之内为人们构造出配置极高的虚拟计算机,供人们使用。在这三项技术中,云计算扮演的角色是"硬件"。

大数据是"内容",能对网上浩如烟海的信息进行收集和梳理,通过一定的算法,总结规律,为人们提供预测和建议,充当人们的智囊。它扮演的角色是"软件"。

人工智能是"操作者",能按照人的思维逻辑,主动、自发地进行操作,甚至能揣摩人的心理。在人产生需求之前,它能预先准备好可能需要用到的信息和产品,并与人进行互动,为人提供贴心周到的服务。它扮演的角色是"人"。

显然,当拥有"无上限"配置的"硬件"、拥有敏锐洞察力和灵活"头脑"的"软件"、拥有极高智商和情商的"人"结合在一起时,所产生的智能科技在很大程度上会突破原有的功用和瓶颈，破茧成蝶，迸发出前所未有的能量。它们的智慧也将得到升华，进而从方方面面改变人们的生活方式。换句话说，正是这三项技术的融合带人们走进了一个崭新的时代。

在未来的智能文娱时代，人工智能、大数据、云计算将会被充分应用到各娱乐业态中。例如，在游戏领域，云计算会为游戏公司提供强大的硬件支持，能让数以万计的玩家在线游玩；大数据会帮助游戏公司挖掘玩家的爱好和习惯，绘制出玩家画像，为其改进操作界面设置、设计剧情等提供参考依据；人工智能让游戏中的角色更人性化，使角色具备学习能力和逻辑思维能力，可以自发与玩家进行互动，增加沉浸感和趣味性。

正是这三项技术的存在，使得游戏的逼真度和可玩性都大幅提高，为人们创造出更奇幻美妙的新世界。例如，由WarHorse工作室历时7年打造的角色扮演冒险游戏《天国：拯救》就为玩家打造了一个极度逼真、开放的世界。这款游戏重建了15世纪波西米亚的地貌景观，并将那个时代的政治、军事、社会生活、风土人情完美还原。

在这款游戏中，玩家的自由度很大，可以在10多个城镇中随意做自己想做的事。里面的角色也都是活生生的"人"，会主动与玩家互动，根据玩家的行为做出不同的反应。例如，当玩家向商贩销售货物时，商贩会压低价格；当玩家拔剑而起时，对手可能会服软道歉或者转身逃跑。玩家可以根据自己的想法，与角色交朋友，搭建属于自己的人际关系网。

《天国：拯救》的每一处细节都是真实的。例如，角色可以饥饿、疲倦、负伤、染病、死亡，在不同状态下，其身体会发生相应变化。如果角色吃了过多油腻的食物，就会因为发胖而行动不便；如果饮酒过量，就会头晕目眩，醉倒在地；如果在偷袭时穿了板甲，就会发出巨大的声响，惊动所有人，导致偷袭失败。

智能科技为《天国：拯救》还原了一个真实的场景，甚至会使人产生一种错觉，让人感觉这不是一款游戏，而是一部中世纪史诗，一个演绎着悲欢离合的古老世界。

在影视和综艺领域，云计算可以为后期制作提供处理和存储平台。例如，普通的服务器是很难在短时间内完成3D电影、3D动画的庞大渲染工作的，相关人员只有依靠云计算，才能保证高速、稳定地完成。

大数据可以为剧本编写提供有价值的素材，并能通过分析受众的喜好，预测影视剧和综艺节目的收视率，实现有针对性的内容分发，帮助影视剧和综艺节目迅速成为爆款。例如，爱奇艺推出的《奇葩说》《中国有嘻哈》《老九门》《最好的我们》都引发了收视热潮，成为现象级节目。最大原因就是这些节目从前期的制作到后期的宣传分发，都应用了大数据，深度揣摩了受众的心理，实现了智能创作、智能生产、智能客服、智能标注、智能变现、智能播放、智能分发，最大限度地迎合了受众的需求，受到了广泛的欢迎。

人工智能可以全方位助力影视剧和综艺的拍摄，增强拍摄的效果，甚至还可以自主编写剧本。例如，由英国电影导演奥斯卡·夏普和美国人工智能专家罗斯·古德温联合开发的人工智能机器人"本杰明"就可以独立编写剧本。

两年间，它先后编写了两部剧本，一部名为《阳春》，另一部名为《走神》。如今，《阳春》已经由真人演出；《走神》则是一部黑白科幻短片，在一家知名视频分享网站上播出后收获了大量好评。

此外，人工智能还可以参与节目的选角过程。在《中国新说唱》的北京媒体见面会上，当记者向主办方询问为何选择唯一一位女性制作人邓紫棋参与节目时，总制片人陈伟回答道："这是基于人工智能算法而做出的综合决定。"凭借人工智能邀约受众更喜欢的嘉宾的功能，为一个爆款综艺节目的形成打下坚实基础，使节目赢在起跑线上。

人工智能、大数据、云计算的融合，使机器人可以自主完成很多事情，甚至不再需要人的辅助，这在以前是很难想象的。未来，这三项技术在文娱行业中的更多应用也将不断涌现出来。我们要创新思路和玩法，利用智能科技改进我们的工作，提升产品的质量，让我们的产品获得更多用户的青睐。

基于区块链与物联网的超级智能文娱

正如人工智能、大数据、云计算一样,在智能文娱时代,区块链与物联网也是一对"好伙伴"。这两项技术的结合扩展了各自的功用,给人们带来巨大的价值。

区块链是每个人都能记录的、公共的"数据账本",可以按照时间顺序将每个人的数据串联起来,并保证这些数据在没有中心平台的情况下也具备真实性和安全性。它具有去中心化、开放性、自治性、匿名性、难以篡改等特点。

区块链具有公开透明性,可以让参与者及时了解各项工作的进展情况。此外,它又实现了数据的安全和不可篡改,能充分保护用户的隐私,是网络信息安全的卫士。

物联网是物物相连的互联网,是互联网的延伸和扩展。它的发展前景是很广阔的,可以极大地方便人们的生活,使各类物品主动满足人们的需求。

不过,物联网也会产生海量数据,以及拥有庞大数据存储和传输要求。此外,数据的安全保障也是一个巨大的难题,在一定程度上制约了物联网的发展。

区块链恰恰摆脱了物联网发展的枷锁,它的去中心化和不可篡改等特点,保障了数据存储和传输的安全,保护了用户的隐私,降低了物联网的运营成本,使物联网能够快速普及、应用到人们的工作和生活中,帮助人们打造出一个万物互通的智慧世界。

如今，很多国内外公司都开始在物联网和区块链的结合上积极布局，如 IBM、微软、亚马逊、SAP 相继引入区块链，为其物联网设备提供弹性资源池。谷歌、阿里巴巴、百度、腾讯、华为、京东、小米等也开始积极探索有关区块链和物联网的应用。

在智能文娱领域，我们应该如何利用"区块链+物联网"提升运营效率和产品价值呢？

首先，在 IP 与明星的宣传推广上，我们可以利用区块链和物联网将粉丝纳入统一的网络中，使之成为重要一环，使 IP 和明星的影响力快速变现，并与作者签订智能合约，使投资者、经纪公司、作者、明星、粉丝等各参与者的权益更公开、透明。

这里提到的智能合约是基于区块链的合约。相比传统的合同，智能合约的条款更公平，覆盖面更广，而且具有去中心化、不可篡改、过程透明等优点，能从根本上保障参与者的权益。例如，星链基金会推出了一个以区块链为基础的内容 IP 孵化投资平台——星链未来。

在这个平台上，每一位用户都可以作为区块链中的一环，参与 IP 的制作和宣传，形成一条价值共享链。音乐人、电影制作人可以通过区块链将自己的粉丝聚集在一起，签订智能合约，为内容创作筹集资金。在内容上线后，他们还可以根据作品的播放次数获取收益,并与投资者分成,实现共赢。

女团 SNH48 宣布和美国人工智能公司 ObEN 签订协议。ObEN 将为 SNH48 的成员打造与其本人相同的人工智能形象,然后把这些形象放入区块链中。这样一来,在区块链的虚拟世界里,SNH48 的粉丝就可以跨越时空,随时随地与 SNH48 的人工智能形象进行互动,也可以通过区块链购买 SNH48 的演唱会门票和相关产品。

此外,由于区块链的去中心化和不可篡改等特点,区块链中的每一个 IP 的价值和影响力将通过真实、无法修改的数据展现出来,一目了然,无法掺假。IP 变现也会更公开、透明,每个参与者都会按照贡献的大小得到相应的回报。

在区块链的带动下,未来的文娱行业将更公平、公正。例如,一些有才华但缺乏资金的新人将通过区块链筹集资金,获得崭露头角的机会;内容创作者也将利用区块链"全民记账"的功能,根据作品的播放次数直接获取收益,无须通过版权中介平台发布作品。

在游戏领域,物联网和区块链也可以发挥作用。游戏公司通常有巨大的盈利空间及现金流,物联网和区块链的引入将使游戏行业的群体效应更明显,突出玩家的主体地位,保障玩家的权益。在这种情况下,即便游戏公司倒闭,玩家在游戏中购买的虚拟物品也将永久地属于自己。同时,游戏中的作弊行为也会被禁止，游戏纠纷将进一步减少。

例如，一些电竞服务平台应用区块链，使比赛更公平、合理。电竞团队 First Blood（第一滴血）便利用区块链的智能合约建立电竞规则。根据这个电竞规则，玩家可以自由选择游戏和奖金，并采取直接邀请、等待其他玩家挑战、自动匹配等方式进行比赛。在比赛结束之后，先知数据库会根据比赛结果，按照智能合约结算奖金。

区块链使一些草根玩家也能随时挑战高等级玩家，解决了电竞行业中的作弊问题，提升了玩家的体验，也能完全保障资金安全，使玩家无须顾虑第三方平台资金监管的安全问题。

还有一些以区块链为基础的游戏也受到了用户的欢迎，如 Axiom Zen 游戏工作室推出的基于区块链的养猫游戏 *CryptoKitties*。在这款游戏中，用户可以养大、繁育并买卖电子宠物猫。由于区块链的加持，用户所养的每只猫及其繁衍的后代都是独一无二的，属于用户的私有"财产"，用户可以对其进行买卖。

之后，国内的蓝港互动与一家美国游戏工作室联合开发出了一款与 *CryptoKitties* 类似的宠物养成游戏《加密狗》，同样取得了非常好的成绩。该游戏上线不到一周，收入便超过了 500 万美元。

新加坡拓扑基金会创立的拓扑链（TopChain）是一个去中

心化的平台。这个平台对接市场上的热门游戏，不改变其核心玩法。在这个平台中，由于有区块链的保障，玩家可以自主决定游戏上线时间、游戏收益，成为投资者和推广者。

除了 IP 推广、游戏，区块链和物联网也可以广泛应用于视频、直播等领域。近年来，区块链和物联网在文娱行业中的呼声很高，这是因为它们关注安全和版权问题，切中了用户对保障信息安全的要求，满足了作者摆脱版权中介平台的束缚、获得更多收益的愿望。

然而，相比人工智能、大数据、云计算，区块链和物联网是很难在文娱行业落地的，因为它们要改变的是这个行业的规则。而规则的改变往往是"伤筋动骨"的，要求文娱公司舍弃以前赖以生存的商业模式，给下游用户和上游作者提供更安全、公平的环境。显然，这是比较困难的。这也正是区块链和物联网呼声很高，却迟迟无法落地的根本原因。

道路是曲折的，前途是光明的。春天可能会迟到，却从不失约。相信由区块链和物联网打造的超级智能文娱时代终会到来，用户与作者的春天也终会到来。

泛娱乐化的人工智能

这是一个"娱乐至上"的时代。人工智能的出现改变了娱乐的方式，创新了娱乐的玩法。未来，智能文娱会让我们的生活更有趣、更有情调。在泛娱乐化浪潮的推动下，人工智能也要体现出"高大上"。

1. 泛娱乐化不代表低龄化、庸俗化

随着人工智能的发展和人们生活水平的提升，大众越来越注重泛娱乐化消费。所谓泛娱乐化消费，是指人们在消费时更喜欢有趣、搞笑、无厘头的精神产品。例如，"90 后"更喜欢有趣的商业大片，"00 后"更喜欢二次元等。

这样的泛娱乐化消费能够让人们在快节奏的生活中获得放松，体会到一种前所未有的快感。许多人认为，在泛娱乐时代，人们的消费会更低龄化、幼稚化、无趣化乃至庸俗化。其实，这样的观点未免太过绝对、太过牵强。

深圳狗尾草智能科技有限公司 CEO 邱楠认为，泛娱乐化并不代表低龄化或庸俗化。

从整体上来看，人工智能为我们的生活带来了诸多益处。人工智能的进一步发展会使泛娱乐化消费得到一次全新的升级。泛娱乐化的内容有很多，如人工智能游戏、人工智能写诗、人工智能拍照、人工智能绘画、人工智能音乐等。这些泛娱乐化的内容会使人们的生活更美好。

人工智能音乐不仅能够丰富音乐的表达形式，还能够创新音乐的内容。这非但不是低龄化、无趣化，反而会显得更文艺化、个性化，对人类精神文明的进步大有裨益。那么，在具体操作层面，人工智能是如何快速地进行歌曲创作，又是如何让人们感受到人工智能音乐的魅力的呢？这里以英国的人工智能音乐制作公司 Jukedeck 为例进行说明。

Jukedeck 为人工智能音乐创作提供了优质的模板。登录 Jukedeck 的官网，输入风格特征、节奏快慢、音调起伏、乐器类型、时长等基本信息，用户就可以创作出一首旋律优美的歌曲。但这种流程化的创作模式也遭到了许多人的质疑。

当人工智能音乐面临种种质疑时，英国著名的音乐行业顾问 Mark Mulligan 提到，"只要人工智能音乐能够找到平衡点，有足够的和弦配合，间杂适当的创新和休止符，那就足够好了"。由此来看，对于人工智能音乐，我们更应该保持一种宽容的态度。

虽然人工智能音乐是在大数据及云计算的基础上，由智能机器自主创作的音乐，但还是离不开人类赋予它的一些基础音乐知识。所以，人类的创造力是不曾消失的，人工智能音乐反而是人类的创造力的另一种升华。

另外，人工智能音乐对于优秀的谱曲家来说是一种灵感的启发。未来，优秀的谱曲家会借助人工智能谱写出更加优美的乐曲。

同样，人工智能绘画与人工智能作诗都能够创新文艺的表达形式，丰富文艺的内容。未来已来，人工智能作为一种新兴的技术，势必会为泛娱乐带来新的生机与活力，会使人们的娱乐生活更精彩。

2. 人工智能能找到人性的弱点并给予关怀

人工智能时代，生活节奏加快，年轻人可能会越来越浮躁、越来越焦虑。另外，"90后"和"00后"更倾向于宅在家里，通过互联网了解大千世界，他们的心理孤独程度会越来越严重。基于这些情况，泛娱乐行业应该采取有效措施，快速解决问题。

为缓解年轻人的浮躁、焦虑情绪，人工智能应该与游戏相结合，通过游戏化的方式，让他们发泄自己的情绪，释放自己的压力，从而以更积极、向上的心态面对纷繁的工作。

基于人工智能的赛车游戏 *Forza* 就能够有效释放年轻人的压力。*Forza* 有许多亮点：上百辆赛车、上百种玩法、上百个赛道。在大数据、深度学习等技术的辅助下，*Forza* 的场景极其逼真。例如，当游戏中出现雨雪天气时，玩家操纵的赛车也会减慢速度。这种接近生活的方式，能够让玩家有一种置身其中的快感。

另外，*Forza* 基于神经网络技术，设计出了人工智能司机。人工智能司机借助最新的迭代运算系统，能够模仿玩家的驾驶风格，以及专业赛车手的操作技巧，让玩家感受到风驰电掣的魅力。玩家通过观察人工智能司机的操作方式，可以锻炼自己的能力。这既是一种学习,也是排解压力的好办法。

对于年轻人的心理孤独问题,我们应该打造更多元、更有趣的情感机器人。事实上,情感机器人已经有了很大的发展。如今,借助深度学习、知识图谱等技术,情感机器人已经能够与年轻人进行沟通。它们不仅能够理解年轻人的意图,还能够高效执行年轻人的种种命令。

在泛娱乐化的今天,我们应该基于年轻人的审美与需求,创新情感机器人的形式,丰富情感机器人的功能。另外,"人工智能+泛娱乐"不只是两者的简单相加,而是一种创意式的跨界融合,要以"人"为核心,打造风格各异、富有创意的产品。

打造让年轻人喜爱的情感机器人并非易事,目前我们可以借助以下三种方法打造情感机器人,如图 6-1 所示。

1. 跨界融合
2. IP化
3. 突破次元壁

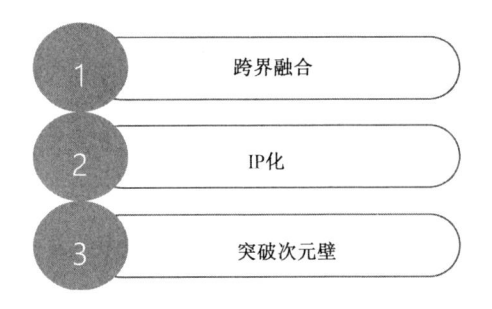

图 6-1 打造让年轻人喜爱的情感机器人的方法

跨界融合是一种新玩法。有趣的跨界融合不仅能够增加创意，还会促进产品的销售。情感机器人要想受到年轻人的追捧，就需要勇敢跨界。例如，我们可以试着将游戏和影视与情感机器人融合，这样很可能会带来非凡的效果。

IP化就是用IP包装情感机器人。例如，大多数"90后"和"95后"都喜欢玩《王者荣耀》，情感机器人就可以根据《王者荣耀》适度创新，这样的创新会深受年轻人的欢迎。

突破次元壁也是很有效的方法。如果情感机器人的设计能够与动漫形象相结合，就可能打开年轻人的心扉，使他们的孤独得到排解。同时，年轻人通过对情感机器人进行倾诉也能锻炼自己的语言表达能力，逐步提升自己的社会交际能力。

新一代年轻人普遍拥有浮躁、焦虑的情绪，情感机器人应该以此为基础给予他们关怀。这样才可以让人工智能的娱乐化产生更好的效果。

3. 从感知范畴走向认知范畴

人工智能的目的是通过赋予机器智慧，让机器为我们的生活服务，使我们的生活更精彩。关于人工智能的发展，理想很丰满，但现实很骨感。如今，人工智能的发展仍处于感知范畴，需要不断向认知范畴迈进。对此，李开复博士有着类似的看法，他认为人工智能分为弱人工智能、强人工智能、超人工智能，如图6-2所示。

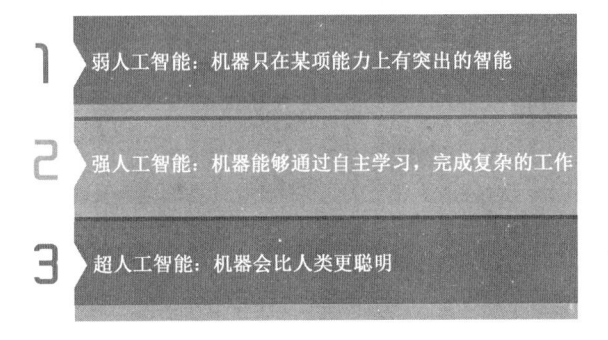

1 弱人工智能：机器只在某项能力上有突出的智能

2 强人工智能：机器能够通过自主学习，完成复杂的工作

3 超人工智能：机器会比人类更聪明

图 6-2　人工智能的三种形态

如今的人工智能仅仅是弱人工智能，弱人工智能属于感知智能阶段。例如，机器能听懂人类的语言，能够通过视觉捕捉、识别世界万物等。如今，借助人工智能，语音识别和视觉识别的成功率都已达到了 95%以上。由此可见，感知智能已经发展到了一个较高的水平。

然而人工智能的发展是需要不断突破极限的，需要从感知智能阶段向认知智能阶段迈进。所谓认知智能，就是机器可以自己思考，能够通过深度学习理解人类，完成各项复杂的工作。未来，人工智能的最低目标是通过赋予机器智慧，让机器更好地为人类服务；最高目标是要做到"机器与人类和谐共处"。

人工智能要想达到泛娱乐化的效果，必须在技术上精益求精，通过深度学习不断提升自己的认知智能水平。目前，人工智能的发展尚未步入这个阶段，但这已经成为人工智能的前进方向。当然，认知智能的实现需要政府投入更多的资金，给予更好的政策支持；需要完善教育体系，培养更多的技术人才；

需要商界人士不断进行商业落地,充分提高自己的服务意识。

只有做到"产学研"与政策的密切配合,人工智能才能够更早地步入认知智能阶段,文娱行业才会发展得更好。目前,在通往智能文娱时代的道路上,我们只是走了一小步,未来还有更艰辛、更遥远的路要走。

运营篇

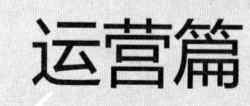

第7章

智能文娱的运营思维

技术将改变文娱行业的面貌,这是难以阻挡的趋势。处于文娱行业中的每一个人都要面对时代的洗礼,只有积极拥抱未来的人才会有美好的明天,因循守旧者很可能会被时代淘汰。所以,我们不能躺在过去的功劳簿上骄矜自持,而要因势利导,勇于学习先进科技知识,转变运营思维,在智能文娱时代,开拓出属于自己的一片天。

超级制片人思维

每一部影视剧的成功,每一个导演的功成名就,都离不开制片人的帮助。制片人是在影视剧制作中总领全局的人，要有敏锐的眼光，能找到有开发潜力和市场前景的 IP；要有伶俐的口才和广泛的人脉，能说服苛刻的投资者为项目投资；要有较强的理财能力和组织能力，把每一分钱花在刀刃上，助力影视剧拍摄成功；要有丰富的营销经验，能使影视剧大卖，获得丰厚的收益，给投资者带来回报。

因此，做一个成功的制片人，在业界干出一番成绩是极不容易的。现在市场上电影众多，但能成为经典，获得口碑与票房双丰收的却寥寥无几。同样，制片人虽然也很多，但能冲破层层阻碍取得成功的却屈指可数。

据一位资深的制片人介绍，他已经做了近 100 个项目，成功的只有区区 3 个而已。虽然这样的成功概率较低，但也远超过行业的平均水平。更多的制片人在枯燥乏味的工作中，在与投资者的觥筹交错中慢慢消沉下去，最终籍籍无名，徒生"谋事在人，成事在天"之叹。

如今，智能科技的介入给很多行业带来了新的发展契机，同样也给制片人带来了福音。制片人应该转变思维，积极尝试应用智能科技来改善自己的工作，提升效率和影片成功的概率。那么，我们应该怎么做呢？

第一，可以用机器人评估剧本，预测票房。

对制片人来说，选择剧本是最重要的工作，也是最头疼的问题。因为拍摄影视剧的成本非常高，如果选错了剧本，就等于走错了方向，最终的结果很可能是徒耗金钱和精力，无法使自己和投资者获得预期的回报，甚至血本无归，一败涂地。

所以，若能找到一个好的剧本，制片人的工作就成功了一半。然而，很多时候，我们在面对一个剧本时，以自身固有的经验去判断总是会出现偏差。

好莱坞的制片公司一般都有一套"绿灯"审查制度，在敲定一个剧本时通常要花费1万~5万美元。首先，制片公司会组织内部成员或召集外部合作伙伴围绕创意、竞争力、定位、成本等方面进行综合评审。其次，分析剧本的细分市场和潜在受众，预估剧本的市场潜能。最后，确定放映档期和发行渠道，预测票房收入，锁定融资渠道和投资者。

如果经过综合评审，确定剧本有市场价值，制片公司就会立项，展开后续的融资、拍摄、制作等工作。好莱坞的"绿灯"审查制度是比较科学的，但由于审查人员的主观性、市场的不确定性，也可能会产生不正确的决策。例如，《银翼杀手2049》是导演丹尼斯·维伦纽瓦最受好评的作品之一，曾被制片人一致看好，但它的票房在美国还不到1亿美元。

那么，为了提升影片成功的概率，我们或许可以把挑选剧本这样艰巨的工作交给机器人。机器人能根据剧本的内容和所表达的主题，结合受众的喜好，评估剧本的受欢迎程度，为剧本打分，提前预测票房，帮助制片人更有效率地挑选出最优质、最畅销的剧本。

例如，一家计算机公司推出了一款能评估剧本的机器人Book。该公司宣称，Book学习了几千个剧本，能根据自身积累的数据库，较为准确地预测出剧本的市场潜力。Book的预测流程如下：我们上传一个PDF格式的剧本，它就能在5分钟之内自动生成一份详细的分析报告。这份报告的内容包括预测美国电影协会的分级；判断受众的性别、年龄；预测最终票房。

此外，Book还会做剧本的基础统计工作，如分析故事中的各个角色，对角色的特征给出建议；统计角色的男女比例、男女角色的戏份比重等。如果Book给出的最终评估高于84%，那么就说明该剧本能够盈利，值得投资拍摄。

当然，Book也有预测不准的时候。例如，它曾经预测《爱乐之城》的票房仅为5900万美元，而实际上该电影的制作成本虽然低，却斩获了超过1亿美元的票房。即使可能会出现这样的错误，但总体来看，Book预测票房的准确率还是比较高的。

未来，像Book这样的机器人会越来越多，而随着它们学习能力的逐步增强，它们预测的结果也会越来越准确，将成为制片人选择剧本的重要参考依据。此外，它们预测的科学性和准确性也能坚定投资者的决心，帮助制片人引进更多的资金。

第二，可以让机器人作为工作助理，辅助制片人完成工作。

制片人的工作通常是极为琐碎和繁杂的，要监督影视剧拍摄的质量、进度、资金流向；要及时处理管理部门和剧组其他各部门之间的问题和人员矛盾；在影视剧拍摄完毕后，要制订、实施宣传计划；要负责出售作品、回笼资金等。

每天被这些琐碎的事情包围着，制片人要承受巨大而繁重的压力，往往分身乏术，很难将精力集中在最为重要的统筹工作上。

未来，当机器人成为制片人的助理后，将替制片人完成琐碎的工作，并在极短的时间内为其做出正确的决策，将制片人解放出来，使其专注于更重要的事情。

例如，IBM就为好莱坞的制片人研发了一款人工智能助理Watson。Watson能在片场帮助制片人处理各种各样的问题，并以最快的速度为制片人提供最合理的建议。此外，它还能帮助编剧使自己的剧本更贴近受众；帮助导演和拍摄团队处理图像，在选择演员和取景、布景等方面提供建议；帮助剪辑人员快速剪接出符合逻辑的、精彩的内容；帮助营销人员制定一整套比较完善的营销策略。

显然，有了机器人，制片人的工作将更轻松。但我们也不能一味地依赖人工智能，不能让我们本应有的艺术创造力和想象力受到人工智能的限制，不要让机器人成为我们工作的主导。我们只有更多地结合自身的经验，发挥我们的聪明才智，以科技作为手段和工具，才能制作出更多脍炙人口的佳作。

用户思维

当下，文娱行业的发展比较稳健。蛋糕是巨大的，争抢的人众多，我们要想成功从中分得一杯羹，抢占先机，积极引入智能科技无疑是一种重要手段。然而，智能科技究竟能给我们带来什么？仅仅是一个吸引眼球的噱头吗？它为什么能使我们的工作取得突破？仅仅是因为它提升了我们的工作效率吗？

答案显然并非如此。我们来看看智能科技的特点是什么。大数据能帮助我们了解用户的特征，绘制出准确的用户画像；区块链以去中心化为主要特点，保护了用户的数据安全，突出了用户的主体地位；人工智能则使我们更加了解用户，进而优化服务。

由此可见，智能科技的本质是提升用户的体验，帮助我们更懂用户，更好地服务用户。而这也给我们带来了一个重要的启示：在智能文娱时代，我们一定要树立起用户思维，一切工作都要以用户为核心。只有在用户思维的指导下，我们才能更好地驾驭智能科技，使其融入我们的工作和生活中。具体做法主要从以下三个方面入手。

第一，使用大数据赋能 IP。

在制作 IP 时，为了使 IP 更符合受众的心理需求，受到受众的关注和欢迎，就应该通过大数据深入了解受众，知道他们爱好什么、需要什么、有什么样的生活习惯等，再以此为依据，确定 IP 的定位，拉近 IP 与受众之间的距离。

在电影行业就出现了很多利用大数据打造的电影 IP，如《捉妖记》《煎饼侠》《西游记之大圣归来》等。此外，喜剧网络电影《宝塔镇河妖之诡墓龙棺》在利用大数据打造 IP 方面也堪称典范。这部电影改编自"沈阳四塔传说"，讲述了民国时期，建造皇陵的张氏后人张孝智在一次意外事件中被卷入皇陵的地下水宫，从而开始了一段探险之旅的奇妙故事。

在选题上，制片方利用大数据调查发现，在网络电影的观众中，18~30 岁的男性占 75%以上，这些男性大多青睐探险题材的电影。因此，制片方确定了探险、奇幻的主题，为此还别出心裁地以"宝塔镇河妖"这个既好记，又带有奇幻色彩的短语为名。

除了探险，制片方还在情节中融合了悬疑、喜剧、爱情等多个颇受欢迎的元素，增加了电影的看点。导演代艺霖还进行了市场调研，他发现同类型电影的拍摄地多为山洞，没有对地下世界进行充分展现，从而使神秘感、奇幻感大打折扣。因此，在搭建场景时，他重点对墓下的奇幻世界、机关暗道、不明生物进行了刻画，力求为观众带来惊险刺激的体验。

在男主角的选择上，剧组选择了有巨大粉丝号召力的"网大一哥"彭禺厶。在选定导演时，制片方也利用大数据，找出了在投资角度安全线以上的导演，并逐个联系接洽，最终经过综合评估，确定了最合适的人选。

从剧情的设定、场景的布置，到电影的拍摄、制作、营销，制片方在各个环节上都以大数据为指导，仔细打磨，以确保电影获得受众的青睐。制片方正是秉持了用户思维，对电影进行精雕细琢，才使电影赢在起跑线上，打造了一个深受好评的精品IP。

第二，利用人工智能使产品人性化。

从某种意义上来说，人工智能可以赋予产品"生命"，使产品像人一样具有逻辑思维能力。也就是说，人工智能将人和物之间的关系，变成人和"人"之间的关系，使用户对产品产生亲近感，进而获得良好的体验。这也是我们在开发产品时应该秉持的用户思维。

例如，微软小冰冰雪聪明，总能看破用户的心思，为用户排忧解难，成为用户的知心伙伴。因此，在开发产品时，我们可以尝试将这种高情商的机器人融入产品中，使产品具有人格，能高兴、生气，能判断出用户的意图，进而使用户收获愉悦和快感。

第三，实现个性化的内容推荐。

个性化推荐能将内容和用户的爱好进行匹配，使用户在第一时间看到自己最想看的内容。这样不仅能提升用户的体验，也能使内容精准触达用户，提升内容的阅读量和曝光度。目前，在文娱领域，个性化的内容推荐已经逐渐普及。例如，今日头条、优酷、爱奇艺、抖音、快手等平台都已经实现了"千人千面，一搜百现"。

综上所述，在智能文娱时代，智能科技的应用只是外在形式，思维方式的转变才能将成果转变为实实在在的效益，才能让我们在激烈的市场竞争中站稳脚跟。因此，树立用户思维，利用智能科技理解用户的想法，迎合用户的心理需求至关重要。

当然，引领潮流比迎合潮流更好，特立独行的作品可能会开启一个新风尚，但同时也要承担更大的风险。不过无论如何，不能吸引用户的产品都不是一个好产品，用户的好评和青睐才是对产品最好的褒奖。

设计思维

意大利艺术家米开朗基罗曾说："每块石头里面都有一个雕像，雕刻家的任务就是把它展现出来。"石头是相同的，但每一个雕刻家头脑中的雕像却是不尽相同的。无论在任何时代，艺术家和设计师都需要依靠自己的创意，将自己头脑中的设计思维转化成艺术品。这种创意和设计思维来源于艺术家对生活的体悟和对受众的理解。

虽然智能科技的引入改变了人们的生活，却难以改变人们对美的审视和认知，因此，我们既要积极地应用科技手段完善设计方式和思路，又要保持一个艺术创作者应该有的设计思维，不能被智能科技迷惑了双眼，影响了灵感。

那么，在智能文娱时代，应该如何秉持设计思维呢？

第一，与用户心灵相通。

优秀的设计师或艺术家要能与用户产生深层次的情感共鸣，从用户的角度看待事物、思考问题。所以，必须融入平凡的生活中，在生活中提炼素材，获得感悟。只有这样，设计出的作品才能调动人们内心的情愫，使人们产生强烈的认同感，获得人们的关注。

例如，电影《我不是药神》就通过对社会现实的深层揭露，直击人们内心最柔软的地方，感动了无数观众。该电影在人物塑造和情节刻画上非常自然，充满了对社会现实的思考，使人们产生了强烈的情感共鸣。

所以，艺术家对于现实生活的刻画，总会还原艺术品本身该有的价值和意义，这种价值和意义更多的是一种情感的表达，一种理念的传播，一种对人性和社会的思考，而不能单纯以票房或者销量作为衡量标准。

第二,发挥想象力,在作品中注入情感。

每一个或充满欢笑,或饱含悲伤,或蕴藏哲理的作品都凝聚着艺术家的心血,倾注着艺术家的情感体验。作品不能像流水线上的产品一般,千篇一律,冷漠乏味,也不能通过"改进工艺"来提高质量。它的生命力来自艺术家天马行空的创意,来自艺术家对艺术的不懈追求和真挚情怀。

罗马尼亚的艺术家 Cristian Marianciuc 为自己制订了在 1000 天内折 1000 只千纸鹤的计划。经过不懈的努力,他折了 1000 只千纸鹤,令人叹为观止。这些千纸鹤极其精致、新颖,充满了想象力,耗费了他大量的心力和时间。

小小的千纸鹤虽然只是人们司空见惯的手工艺品,但当它凝聚着一个艺术家的执着和热忱,成为艺术家生命中的一部分时,它就会臻于化境,迸发出蓬勃的生命力和感染力。

所以,我们要想拥有设计思维,就必须用心打磨,保持匠心精神,通过努力为作品注入自己独特的情感,使其成为自己与他人交流的途径。这也是智能科技不能学习和模仿的。

第三,与时俱进,善于利用智能科技,使自己的作品更有感染力。

智能科技可以进一步丰富作品的表现手法,使作品的艺术魅力得到充分展现。设计师和艺术家要不断更新自己的创作理念,积极拥抱智能科技,做智能科技的主人,使其为己所用。

例如，艺术家将智能科技与大自然融合在一起，为人们展现了很多美丽夺目的景观。

（1）城市麦田：这片"麦田"位于加拿大的魁北克，由28500根灵活柔韧的茎管组成。每一根茎管顶部都有一个白色的反光膜，当茎管随风左右摇曳时，反光膜就会反射周围的景观，使其不断地变换色彩，呈现出五彩缤纷的绚丽景象。

（2）星夜之路：荷兰有一条自行车道，被设计师安装了旋涡型的太阳能 LED 灯。在夜里，这条自行车道会产生奇异而神秘的灯光，很容易让人想起梵高的名作《星月夜》。

（3）河谷之花：在一片壮美的山谷中，艺术家将计算机实时呈现的影像投放在河流之上，使河流盛开出无数令人迷醉的花朵，而且这些花朵还能随着河流的变化不断发生变化。

智能科技与艺术结合可以使艺术更雄浑壮美。所以，我们应该秉持设计思维，不能墨守成规，要敢于创新，让智能科技赋予自己更多的能量，丰富自己的想象力。

综上所述，设计思维是主观的、感性的，取决于人的性格、学识、对社会生活的感悟和理解、对艺术造诣的不懈追求，以及对智能科技的大胆运用。

未来，随着时代的发展，一些机械性、重复性的工作可能会被机器人取代。然而，机器人能取代设计师吗？答案是否定的。因为机器人不具有人类的设计思维，它的设计过程并非通过精密计算,只是对人类已经设计好的大量元素进行快速排列组合,不属于真正的创造,更遑论情感的表达和传播。

人类的情感是复杂多变的,也许只有人类自己才能切身体会到,这是智能科技学不来的。因此,在智能文娱时代,设计师和艺术家要做的就是运用自己的设计思维,使自己的作品更有温度,饱含人文情怀,并结合智能科技,给人们带来更美好的感受。

品牌思维

什么是品牌思维?品牌思维就是赋予一款产品或 IP 某种文化特质,帮助其赢得口碑、树立形象的想法或理念。品牌思维是对产品个性化形象的塑造,会使产品具有强大的感召力,使粉丝对产品的信赖和认同超过对产品的实际价值的考量,从而愿意以更高的价格购买产品,使产品获得更多的溢价。因此,要想使自己的 IP 或者产品获得关注和传播,就要树立品牌思维。在具体操作时,要注意以下三个要点。

第一,做好产品定位,赋予产品个性。

首先,产品要有个性,正因为有个性,它才具有独特的魅力,才能成功吸引大量的受众。例如,文娱产品的主流消费人群是 18~25 岁的年轻人,那么我们就要深入研究、洞悉这些年轻人的兴趣爱好、审美情趣和生活习惯,并以此为依据做好产品定位。

例如，优酷就十分注重对年轻人的洞察，并致力于据此塑造品牌。首先，优酷的 Logo 色彩明亮，设计简洁，彰显出充沛的活力和年轻的气息。这个 Logo 背后显示的就是优酷对于年轻人的理解。此外，优酷还将自己的品牌主张从"世界都在看"变为"这世界很酷"，以年轻人的口吻发出赞叹，由一个节目的施予者变为年轻人的伙伴，使年轻人产生亲近感。

其次，优酷还推出了围绕年轻人打造的"3+X"影视剧集和"6+V"综艺节目矩阵。"3+X"即欢乐喜剧、燃血青春、纯美绝恋和超级热剧；"6+V"即脱口秀、喜剧、真人秀、亲子节目、偶像养成、音乐和垂直爆款综艺。由此可见，优酷在节目的编排和设计上迎合了年轻人的兴趣爱好，实现了内容的品牌化和个性化。

最后，为了进一步提升影响力，优酷还打造了一年一度的、专为年轻人定制的线下文娱狂欢——"Young Choice 盛典"。该盛典的主题是打造属于年轻人的潮牌文化。针对这个主题，优酷作为主办方，对活动方案进行了设计和布局。

通过一系列举措，优酷牢牢地将自身品牌与年轻人捆绑在一起，使其符合年轻人的特质，并且会随着时间的沉淀成为一种文化符号，深入人心。

第二，加大品牌营销力度。

在为品牌明确了定位后，我们就要通过各种渠道，加强传播力度，扩大传播范围，使品牌在线上和线下深度触达粉丝。例如，网易云音乐就做了很有效的品牌营销，将感染力极强的乐评印满了杭州市地铁1号线和江陵路地铁站。

之后，网易云音乐又在线上建了一座"乐评故事博物馆"，选取了赵雷的歌曲《无法长大》下的一段乐评，将其拍成了"出租房的爱情"MV。网易云音乐还推出了全新品牌影片《音乐的力量》，该影片以音乐为主题，讲述了一段曲折感人的故事，戳中了人们的泪点，迅速刷屏，引发热议。

在跨界方面，网易云音乐与农夫山泉合作，将乐评印在农夫山泉包装上，推出了限量款"乐瓶"；网易云音乐将乐评进行整理，与人民日报出版社联合出版了一本书《听什么歌都像在唱自己》，此书将感人至深的乐评献给热爱音乐、热爱生活的人。

网易云音乐通过各种形式的宣传造势，使品牌在较短的时间内广为人知，而且还赋予了品牌更深刻的内涵，让品牌变得如音乐般温情款款，动人心弦。

第三，持续不断地进行产品更新和内容输出，保证热度。

如今，用户可以选择的产品众多，品牌造势也常常是"你方唱罢我登场"。一款产品在一段时间内掀起热度后，很快就会冷却下去，被其他产品取代。那么，为了保证热度，我们就应该使品牌总处在"舞台"的中央，总能抢占流量，一直受到粉丝的关注。

例如，闻名世界的 IP 漫威从 1939 年推出变种人超级英雄纳摩开始，又相继推出了大量受到热捧的超级英雄，包括蜘蛛侠、金刚狼、X 战警、钢铁侠、绿巨人、银河护卫队等，打造出一个超级英雄的世界。

漫威在长达数十年的时间里，通过对超级英雄的更新，对宏大世界观的营造，不断调动观众的好奇心，保持着品牌的热度，使品牌历久弥新，成为被观众熟知、热爱的超级 IP。

此外，很多知名的动漫也都通过长期更新，保证了持久的热度，如《海贼王》《火影忍者》《名侦探柯南》《樱桃小丸子》等。

在网络文学领域，很多作家不间断地更新作品，保持热度，从而增强粉丝的黏性。例如，唐家三少从涉足网络小说开始便坚持每日更新，这其中固然包含了他对网络小说的痴迷、热爱和对粉丝的高度负责，但更重要的是，他依靠这种持续不断的更新，保证了热度，使自己长期处于作家金字塔的优势位置。

综上所述，要想树立品牌思维，我们要做到由点及面，由空间扩展到时间，做好品牌定位，加大营销力度，并兼顾持久性，使品牌成为一个鲜明的符号被人铭记，赋予品牌深刻的人文内涵，获得持久且丰厚的收益。

服务思维

说到服务思维,我们总是会联想到在服务行业中,服务人员为顾客提供主动热情、细致周到的服务。其实,在文娱行业,服务思维同样重要,因为文娱行业本身就是一种服务行业,要满足人们的精神需求,承担着充实人们思想,开阔人们视野,愉悦人们身心的责任。所以,只有拥有服务思维,想用户之所想,急用户之所急,才能使产品契合用户的需求,得到用户的赞美和信赖。

那么,应该如何做到这一点呢?

第一,从细节入手,进一步完善产品。

做好每一个细节,使服务周到体贴是服务思维的精髓。细节是很微小的,可能就是一个无伤大雅的旁枝末节,所以很容易被忽视。但对于公司来说,一个细节的改进可能会为用户带来极大的惊喜和感动,使用户感受到体贴和温暖,进而对产品产生强烈的归属感和认同感。

如今,关注细节与否已经成为了影响公司成败的关键因素。所以,我们要在服务思维的引导下,积极完善产品的细节。例如,由腾讯打造的 K 歌 App——全民 K 歌就通过对细节的完善,为自己赢得了大量的粉丝,取得了骄人的业绩。

如果按照上线时间来看,那么全民 K 歌并不是 K 歌行业的开拓者。在它之前,有些产品已经成功攫取了移动互联网的红利。面对这样的红海市场，全民K歌可谓后来者居上，仅用了几个月的时间就迅速将竞争者一一斩落马下。

其中的原因固然有背靠腾讯这棵"大树"，拥有歌曲版权和用户资源等客观因素，但不断打磨产品的细节，才是其赢得市场的主要原因。

在细节上，全民K歌最大的改进是提升了录歌体验，为用户提供了跳过前奏、开启首句助唱、罗马音等功能。而且用户在录歌时还能实现分段录制，即如果对自己唱的某一句不满意，那么只需将这一句截取重新录制即可。这个看似基础却很实用的细节正好切中了用户的痛点，给用户录歌带来了极大的便利，使用户可以更为轻松地录制出动听的歌曲。

在Logo的设计上，全民K歌的设计师采用了模仿舞台灯光效果的渐变色彩，从红色向紫色演变，突出了青春、有活力的品牌调性。

在字体的设计上，设计师将"全民K歌"4个字适当加粗，去除了棱角，使之更均衡柔和、稳重紧凑，实现了力量感和亲和力的平衡。

在浏览界面上，全民K歌加入了短视频浏览功能，可以让用户花更少的时间，用更短的路径找到最想听的歌曲。同时，它也参考了Facebook、微信等社交产品，采用了插件式设计，增强了社交属性，并将商城、教唱等功能统一到一个界面中，简化了用户的操作。

对于全民K歌取得的成就，人们会在第一时间觉得这是背靠大树好乘凉。然而，一款产品的成功绝不是靠资源广、财力大就可以做到的，而是要靠用户真心的、自发的选择。全民K歌即便有腾讯这座靠山，也没有"妄自尊大"，而是时时刻刻保持服务思维，踏踏实实地做好每一个细节，让用户感到好用、好玩，因此才赢得了用户的青睐。

第二，及时改进产品，使产品的调性与用户的观念高度契合。

近年来，技术的进步促使很多文娱业态涌现出来，年轻人的娱乐观念也在各种社会潮流的碰撞中不断发生变化。秉持服务思维，就要把自己当成一个服务者，要拥有敏锐的嗅觉，能准确洞察流行趋势，积极改进产品，以迎合受众的观念变化。

我们依旧以全民K歌为例进行说明。全民K歌顺利在K歌行业成为爆款后，发展速度便开始放缓。究其原因，还是由于其模式过于老套，对年轻人的吸引力在逐渐减弱。如今，各种玩法花样翻新，层出不穷。例如，网易云音乐凭借个性化推荐、社交互动逆势突围；抖音、快手火爆全国，成为流行产品。与其相比，全民K歌则显得后继乏力。

很明显，网易云音乐、抖音、快手拥有更多的流量，更受欢迎，彰显了时下受众的爱好转变趋势，拥有更广阔的发展前景。面对这样的情况，全民 K 歌迅速"掉头"，上线短视频功能，从数字音乐平台跨界到短视频领域，与抖音、快手打响了流量争夺战。

除了使功能多样化，全民 K 歌还以社交为出发点，依靠 QQ 和微信的社交资源，满足用户更深层次的社交需求。普通用户可以在闲暇时间录歌，演唱给亲朋好友听；"大神级"用户在获得一定数量的粉丝后，可以进入全民 K 歌的艺人孵化通道，进军乐坛。

此外，全民 K 歌从手机端发展到电视端，打造了 TV 版全民 K 歌，还在线下娱乐场所建了很多迷你连锁 KTV，最大限度地满足了粉丝的需求。

5G 时代如期而至，将进一步促进文娱业态的进化，这是智能文娱的发展趋势。秉承服务理念，要求我们从战略上时刻紧跟时代的发展潮流，并从战术上抓住每一个细节，为受众做好服务，让受众感受到我们的用心和诚意。

差异化思维

我们先举个例子，红烧排骨是一道很美味的菜肴，如果你偶尔吃上一顿，就会觉得很好吃；如果你顿顿都吃，那么肯定会吃腻，甚至会感到恶心。此时，要是有一位厨师为你送上一盘精致爽口的蔬菜沙拉，你就会如获至宝，对这盘蔬菜沙拉留下深刻的印象。这个厨师秉持的就是差异化思维。

差异化是相对同质化而言的，是文娱产品不同于市场上其他产品的某种特质。它会给人们带来新鲜感，令人们眼前一亮，进而挑起人们的好奇心，使人们关注产品，成为产品的粉丝。差异化思维是公司在残酷的市场竞争中脱颖而出的制胜法宝。

第一，遵循差异化思维，我们要致力于内容的差异化。

在网络文学领域，"套路文"泛滥成灾，同一题材、同一风格、同一叙述手法的小说铺天盖地，一些作者只会模仿其他作者的作品，寄希望于通过对作品的"复制"，自己也得到与这些作者一样的关注度。然而，这样做是注定不可能成功的，因为走别人走过的路，永远都只是追随者，而无法成为领路人。

很多IP改编剧为了求稳，一味地按照以往的套路进行题材的选取和拍摄，结果遭遇了"滑铁卢"。相反，一些篇幅不长，读者比较少，但情节丰满、有主题、有特色的IP在改编成电视剧后反而大获成功，如《琅琊榜》《花千骨》《何以笙箫默》等。

这些现象说明熟悉的套路已经成为"烂梗"，很难调动起读者和观众的兴趣。作者和IP改编者都应进行反思，想想应该如何用差异化思维打造内容。

由宅猪创作的《牧神记》及会说话的肘子创作的《大王饶命》

曾经火爆全网，成为大热的 IP。这两部小说之所以能取得成功，主要原因就是它们是两部反套路的小说。

反套路就是打破套路，勇敢地摒弃看似迎合市场的创作方法，用差异化的内容让人耳目一新，赢得市场，吸引粉丝的关注。反套路的流行表明了读者对于精品小说回归的渴望，对有创意、有特点的小说的渴望。

《初唐傻小子》这部小说的作者在追求差异化方面就很有想法。首先，在主角的人物设定上，作者刻画了一个憨憨的"傻小子"形象。该形象有极为鲜明的特点，个性十足。

其次，在故事架构上，这部小说的情节铺设极为复杂、有张力，矛盾集中，高潮不断，一波三折。主角从有武功到失去武功，再到通过不断努力完成使命，使读者总是难以预测下一章的内容。

最后，在配角的性格刻画上，作者也极为用心。作者为每个配角的脸谱形象进行不同的设计，各有特点，使其从一出场就能给读者留下深刻的印象。

这部小说放弃了较为简单的升级流的写法，用差异化思维进行了创新，在 17K 小说网、咪咕阅读、沃阅读、百度阅读、看书网、鲸鱼文学网等多家平台连载，获得了不错的口碑。

因此，在创作作品时，作者不应该盲目追随他人，要有自己的主张和观点，要求新求变，在作品中留下属于自己的烙印，使作品独树一帜，用鲜明的风格吸引粉丝。

第二，遵循差异化思维，要致力于IP运营、产业布局的差异化。

除了要追求内容的差异化，还要追求IP运营和产业布局的差异化。因为只有如此，才能在残酷的市场竞争中另辟蹊径，减轻来自竞争对手的压力，规避风险，以鲜明的风格吸引用户，走出一条属于自己的成功之路。

例如，网易就围绕"有态度"进行了差异化的产业布局。众所周知，"有态度"一直以来都是网易最著名的口号和标签。在文娱市场的开拓过程中，网易同样利用"有态度"的旗号，进行IP的打造和产业的规划设计，令人印象深刻。

网易强调"匠人态度"。从网易云音乐到网易新闻，从有道词典到网易直播，再到近来大火的手游《阴阳师》，网易一直都致力于对产品进行"深耕细作"，通过对圈层文化和各细分市场的深入研究，打磨了产品，迎合年轻人的兴趣，给年轻人带来个性化的体验。

网易强调"情怀态度"，对IP进行故事化运营，通过自黑、吐槽等年轻人喜闻乐见的方式进行话题的分发，使IP在多渠道传播，获得年轻人的追捧。

网易强调"干练态度"，在营销上的做法十分简洁，即用平台整合渠道、娱乐经纪、电影票务等各个环节，实现了高效率的商业变现。

由网易推出的短视频节目《说说而已》别开生面地以"怼人"为主题,用"毒舌"创造暖心的价值,非常"有态度",也因此迅速引爆了市场,吸引了年轻人的关注。《说说而已》仅上线15期,总播放量便突破2亿次,取得了非常亮眼的成绩。

网易始终秉持着"有态度"的原则,进行产品和IP的运营与布局。网易拒绝中庸,以鲜明的风格和感召力将粉丝聚集在一起,获得了更好的发展。

对新鲜事物渴望和好奇是人们的天性,而差异化思维恰恰要求我们去迎合人们的天性。要想实现差异化,就必须追求不同,追求个性,追求卓越。

整合营销思维

整合营销是随着互联网和移动互联网发展起来的一种营销方式。它要求公司在进行营销的过程中,合理整合科技手段和渠道资源,对品牌进行打造和推广,实现全网范围内的流量布局,达到降低内耗、节省成本、提升效果的目的。

整合营销作为一种新兴的营销方式,在智能文娱时代将会被广泛采用。那么,应该如何秉持整合营销思维,进行产品的营销呢?问题的关键就在于要把握住"整合"二字。具体来说,就是要做到渠道配合、内容互助、人员互补和目标统一。

渠道配合：我们要对各种产品的推广渠道进行统筹规划，使其相互配合，相互补充，相互衬托，共同完成品牌的形象塑造。

内容互助：我们可以使自己旗下的不同品牌相互推广，抱团营销，共享受众，实现资源利用的最大化。

人员互补：我们要使公司内部的营销部门和相关人员协调运作，各司其职，充分发挥自己的优势，形成一个整体，助力营销的成功。

目标统一：为了达到预期的营销目的，我们应该统一参与者的思想和目标，使大家步调一致，向同一个方向迈进，在同一个点上发力，尽可能减少资源的浪费。

从常见形式上看，整合营销主要包括渠道整合营销和品牌整合营销。

渠道整合营销主要通过整合线上和线下的各个渠道进行品牌的推广。例如，流利说就对其旗下的英语口语学习App——"英语流利说"开展了一场堪称教科书般的渠道整合营销。

"英语流利说"是一款基于人工智能的 App，最大的特点就是让人工智能老师教英语。因此，在营销的过程中，"英语流利说"就着重以人工智能为卖点，通过对各个渠道的整合，在用户心中建立对人工智能老师的信赖和认同，进而提升产品的知名度。

首先，"英语流利说"制作了系列短片《AI 的志向》。在短片中，两位人工智能老师自鸣得意，以说相声般幽默风趣的口吻展现出"英语流利说"这款产品价格低、定制化、教学效率高等优点。

其次，以《AI 的志向》为基础，"英语流利说"在微博、微信等平台上制造话题，引起热议。在微博上，"英语流利说"抛出了"人工智能是不是要赢过人类了"这样一个能充分激发人们好奇心和讨论欲望的话题，引起人们的关注和讨论。

此后，"英语流利说"迅速将热度引至微信，并进一步将话题更改为"人工智能会战胜人类英语老师吗"，使话题更贴近营销的主题，让参与者加入战队，进行辩论。

为了增加话题的热度，使广告得到更广泛的传播，"英语流利说"又邀请了各领域的 KOL（意见领袖），对话题进行深入解读，发表自己的观点。"英语流利说"通过一系列的话题引导和宣传造势，在线上得到了广泛传播。

最后，"英语流利说"在线下开展了有针对性的营销活动。因为"英语流利说"的主要受众是都市白领，所以，其将营销的重点布局在一二线城市的地铁上，以提升品牌的知名度，实现精准营销。

由此可见,"英语流利说"在进行营销的过程中,秉持了整合营销的思维,通过视频媒体制造内容,通过社交媒体传播内容,通过线下宣传丰富和扩展内容,并对各渠道进行整合,使其各展所长,相互配合。这样的营销方式既能扩大覆盖面,又有侧重点,以全方位、立体式的宣传模式,使品牌的知名度和影响力得到大幅提升。

品牌整合营销是指公司与其他公司强强联手,组织活动,将自己的品牌与对方的品牌进行捆绑营销,扩大受众,提升知名度。

例如,泛科学媒体果壳网在北京天桥艺术中心举办了一场名为"有意思博物馆"的大型线下活动。该活动以"科技与博物"为主题,开设了吃货研究馆、年轻有玩文创馆、大自然造物馆、步履不停人生馆4个展馆,集结了站酷、晨光、美团外卖等50多个品牌,展现了"包罗万象"的品牌理念,成为一场品牌"大阅兵"。

在活动的组织和安排上,果壳网在场馆中布置了众多"消费科技"场景,引领人们步入一个个奇幻的科技世界。据统计,这场为期两天的活动吸引了近3万名粉丝的参与,取得了非常不错的营销效果。

由此可见,果壳网通过一次活动,对多个品牌进行集中展示,让这些品牌相互映衬、补充、借力,使彼此都扩大了受众,实现了共享流量的目标。

在5G时代,随着技术的日益完善,各种产品的整合脚步也在逐渐加快,整合营销将在此基础上成为常规的营销手段,值得我们深入学习和研究。此外,为了达到更好的效果,我们还应该不断创新玩法,为这种营销方式注入新的内涵。

竞争思维

身处竞争激烈的市场,我们就要明白,"物竞天择,适者生存"是非常重要的法则。如果安于现状,则很可能会被淘汰。只有不断向前进步、发展,才有生存下去的机会。对于我们来说,要么战胜对手,成就非凡,要么被对手击败,淘汰出局。

因此,每一个公司的领导者都要像斗士一样时刻保持警醒,保持竞争思维、忧患意识和"舍我其谁"的勇气,敢于向对手亮剑,在激烈的竞争中杀出一条"血路",从而取得成功。在当下的文娱市场中,更应该如此。

近年来,百度、阿里巴巴、腾讯动作频频,它们通过在文娱行业进行一系列投资布局,迅速形成了产业闭环,强势瓜分了市场。

从覆盖范围上看,百度、阿里巴巴、腾讯涉足网络文学、数字音乐、电影、游戏、视频等领域;从产业链的打造上看,百度、阿里巴巴、腾讯都成功打通了内容制作、明星经纪、内容宣发、推广营销和衍生品开发等环节。

在影视和动漫方面，百度的投资力度非常大，其投资的公司虽然不多，但重在质量，如爱奇艺等；阿里巴巴重点在影视方面发力，先后投资了多家影视公司；腾讯的发展优势集中在动漫、游戏、网络文学上，投资了猫眼电影、耀客传媒、哇唧唧哇、糖人动漫、微影时代、灵龙文化、幕星社等。

综合来看，腾讯在动漫、游戏等方面颇有建树；阿里巴巴深耕影视；百度则围绕爱奇艺进行网络综艺和影视内容的制作。然而，在更广泛的文娱行业中，这三大巨头的触角早已经延伸到各个环节，无处不在。但凡优质的公司，背后大多有它们的身影。

在这种局面下，公司要想发展和成长，就不得不面对手握大量资源的巨头的强势"围剿"。这种对抗是非常残酷的，无异于虎口夺食，失败是大概率事件。对于很多公司来说，能被这三大巨头收购，就已经是创业成功，又何谈突围？

那么，面对几乎不可能完成的任务，难道没有公司敢发起挑战吗？答案是有的。这个挑战者便是今日头条。今日头条是一家用人工智能进行内容分发的科技公司，其旗下的抖音是目前国内乃至世界上非常火的短视频平台。

早在今日头条刚刚崭露头角时，腾讯就有意用 80 亿美元对其进行收购，但遭到了张一鸣（今日头条的创始人）的明确拒绝；其后，业内又传出百度希望收购今日头条的消息，百度希望张一鸣进入决策层，结果又遭到了张一鸣的拒绝。

之后，今日头条日益壮大，以人工智能为基础，在个性化内容分发领域做得风生水起，引领了移动互联网的发展。百度、阿里巴巴、腾讯不想落后于今日头条，于是采取了相应的竞争策略。

阿里巴巴用20亿元打造大鱼号，强势进军内容分发领域，之后又不断升级奖金计划；百度打造了百家号，使其成为内容创作者的平台，不断加大"百+计划"奖金激励力度；腾讯则推出了企鹅号，甚至不惜斥资上百亿元作为内容基金。

大鱼号、百家号、企鹅号兵分三路，齐头并进，一同"杀"进了内容分发领域，与今日头条展开了激烈角逐。在这场"战役"中，百度在内容创作、宣发、变现等方面，全方位对标今日头条。

面对市场的剧烈压缩，今日头条表现得极为淡定。一方面，今日头条采取了一系列措施，竭力稳固了自己在内容分发领域的地位；另一方面，今日头条以攻为守，四处出击，快速抢占市场。为了让自己在竞争中获得成功，今日头条实施了以下策略：

（1）推出悟空问答，对标知乎，甚至不惜花费巨资挖掘知乎大 V。

（2）推出懂车帝，进军网约车市场。

（3）开创微头条产品，对标微博。

（4）与芒果 TV 合作，开展视频业务。

（5）开展"中国新唱将"活动，开拓音乐产业。

（6）对海外产业进行全面布局，包括全资收购短视频平台 Flipagram，投资印度最大的新闻聚合平台之一 Dailyhunt，收购 News Republic，投资 Live.me，斥资 10 亿美元收购短视频平台 Musical.ly。

由此可见，今日头条在困境中愈战愈勇，愈挫愈强。这匹桀骜不驯的"黑马"并未在"威逼利诱"下低头服软，屈从认输，而是做一个无畏的斗士，无惧挑战，最终铸就了辉煌。这就是竞争思维的最佳体现，是我们都应该有的雄心壮志。

其实，对于创业者来说，公司就是梦想的雏形。要想实现梦想，就要保持自己的竞争思维，无论对手有多强，都必须敢于亮剑，直面挑战。

第 8 章

智能文娱的变现之道

文娱作品的使命和意义是丰富人们的精神生活,给人们带来安慰和愉悦。然而,文娱产品也是要变现的,因为只有变现,文娱公司才能获得足够的资金,才能够生存发展,从而为人们创作出更多、更好的内容。本章就通过运营各个层面的展示,为大家介绍智能文娱的变现之道。

打造平台型公司

所谓平台型公司,简单来说,就是提供交易、交流媒介的公司。这种公司类似中介机构,既不参与内容的创作,也不购买内容，而是利用自己持有的底层网络技术，为作者和粉丝搭建平台，使其能在平台上买卖、交流、互动。

平台型公司的优势如下：第一，以技术为依托，是规则的制定者、秩序的管理者和维护者，处在产业链的顶端，可以最大限度地以自身利益为基础进行资源配置；第二，拥有丰富的资源，掌握有价值的信息，这些信息本身就是巨大的财富，可以不断创造价值。

平台型公司在互联网时代兴起，以特有的优势取得了辉煌的成就。例如，百度、阿里巴巴、腾讯都是平台型公司，它们分别以人们的信息、商务、社交为基础构建平台，拥有数以亿计的用户，成为行业中的"独角兽"。

如今，构建平台已经成为公司做大、做强的基本要素之一，也是很多初创公司努力追求的目标。那么，文娱行业的初创公司应该如何向平台型公司转型呢？

首先，要思考平台可以给作者和用户带来什么；应该如何使作者和用户进行连接，找到满足双方需求的连接点；怎样才可以让作者和用户主动加入平台。

其次，要在作者和用户建立连接的基础上，不断丰富平台的产品和服务，进一步增加用户的黏性。

最后，要扩大平台的覆盖范围，开发周边服务，使越来越多的用户加入平台，进而打造生态系统。

总而言之，要想打造平台型公司，就必须有海量的用户。而拥有海量的用户的前提是能准确把握用户的需求，深入了解用户的性格特点、兴趣爱好，甚至在用户没有需求时，可以为用户创造需求，使用户愿意使用平台。

接下来，笔者就以火爆全球的抖音为例，介绍如何打造一个成功的平台。

抖音在上线之初，把目标群体定位在 24 岁以下，生活在一二线城市的年轻人。此后，抖音对这些年轻人的生活状况、兴趣爱好进行了分析，总结出他们的共同特点：时尚、爱玩、个性鲜明、有极强的表现欲、喜欢尝试新鲜事物等。

此外，抖音还敏锐地洞察到都市人快节奏的生活状态，以及渴望在忙碌的工作中获得片刻放松的需求。为了充分满足这样的需求，抖音确定了自身的风格：酷、潮、年轻化、短，而且抖音对每一个细节的设置都是根据此风格进行的。

（1）设定"专注新生代的音乐短视频社区"的品牌标签。

（2）利用智能科技，让用户拍出出乎意料、炫酷的短视频。

（3）改善拍摄画质和滤镜效果，使每一位用户都能展现出自己最美的一面。

（4）利用算法，为用户进行个性化推荐。

（5）随机向用户推送内容，不设播放按键，减少操作流程。

（6）界面设置简洁、时尚，符合年轻人的使用习惯。

这些细节充分迎合了目标群体的需求，很快便吸引了大量的年轻人。经过半年多的沉淀，抖音迎来了爆发，日活跃用户数量不断飙升。在"首战告捷"后，抖音进入了平台打造的第二步，即不断增加用户的黏性，增强平台的影响力。

首先，抖音坚持根据用户的反馈，不断完善细节，增强用户体验，并让用户用自己拍摄的短视频自发为其推广。例如，抖音上线了风靡一时的尬舞机，用人工智能帮助年轻人拍摄帅气、潇洒的舞姿。经过不断改进，抖音已经成为一个功能众多、体验感极强、极为贴近用户心理的短视频平台。抖音功能结构图如图8-1所示。

其次，抖音邀请了众多明星助阵，为自己带来了很高的人气。强大的体验感和可玩性，再加上明星的加持，抖音展示出了强劲的发展势头。

在取得阶段性胜利后，抖音又开始了平台打造的第三步。为了吸引更多的用户，抖音不再将内容局限于音乐短视频，而是开始向多元方向发展。抖音也因此将标签由原来的"专注新生代的音乐短视频社区"改为"记录美好生活"。

如今，抖音的内容包括舞蹈、各种喜剧、宠物表演、恶作剧等。这些五花八门的内容又进一步扩展了抖音的覆盖面。在一系列措施的带动下，抖音的发展脚步没有停止，一度成为最受欢迎的应用之一，在国外也大获成功。

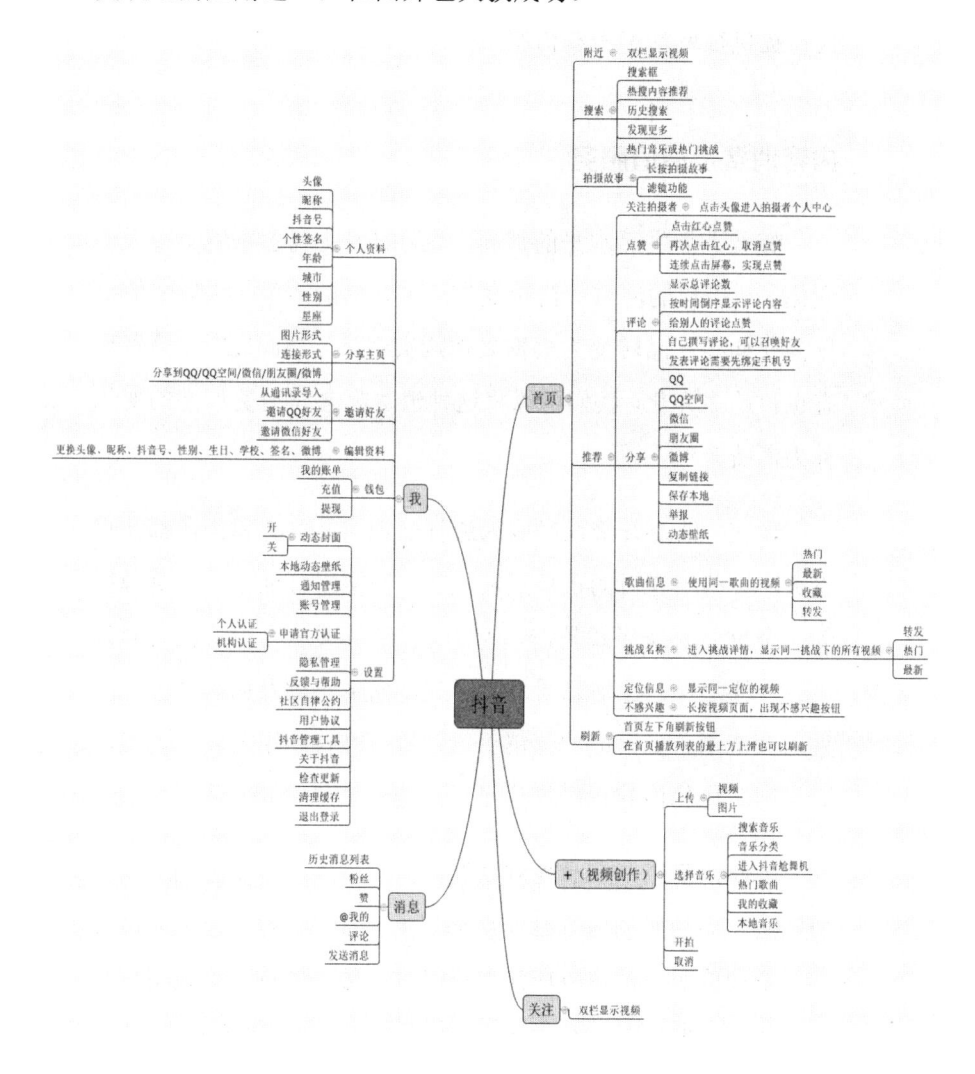

图 8-1 抖音功能结构图

近几年，抖音的成长是现象级的，其发展过程复制了打造平台型公司要经历的步骤，应该能为尚处在转型期或初创期的公司提供很好的参考和借鉴。

内容消费及增值服务

随着人们生活水平的提高，人们的消费观念发生了很大的变化，从以前的注重价格转变为注重产品的质量；从以前的根据需要购买产品转变为根据兴趣购买产品。与此同时，消费形态也日趋多元化。我们可以将这种消费观念和消费形态的变化称为消费升级。

现在，消费升级已经成为流行热词，是政府和公司都在重点关注、积极应对的市场发展趋势。在文娱行业中，消费升级的一个重要表现形式是，产品变现已经从渠道为王变成内容为王。也就是说，在信息爆炸的时代，如果不顾及内容，单方面采用大范围、多渠道的营销手段，将很难打动用户。因为用户对于同质化的内容已经产生了厌倦心理和抵触情绪。

因此，要想使产品受到欢迎，就应该积极转变思路，将精力倾注于高品质的内容制作和输出上，用优质的内容引领消费，并开发增值服务，使用户都能获得自己想要的内容，让用户有所收获、有所感触、有所提高，获得愉悦的消费体验。

那么，应该如何做好内容消费和增值服务呢？

在内容消费上，要重点关注时下受众的习惯和个性，以此为依据制作内容。无论我们的产品处在传统的门户网站，还是新兴的自媒体，抑或是加入了互动元素的社交媒体，内容的投入力度都是不变的。

当下，内容消费正在向专业性、权威性、有深度、知识性强、幽默轻松的方向转变，人们不再盲目地、被动地接受内容，而是会有自己的看法和评价，对内容的要求也越来越讲究。

在直播领域，以前秀场主播占据主导地位，一些网红为了获得更多的关注，往往在节目中加入一些低俗的内容。在"直播大战"后，抵制"三俗"的声音愈发强烈，直播也开始升级，技能直播和专业直播崛起，受到了大众的欢迎。

在短视频领域，内容更多元化，趣味小故事、创意小短片开始流行。

在知识付费领域，在知乎、得到、喜马拉雅等平台上，知识与娱乐相结合的内容、脑洞大开的娱乐体验、传统文化的娱乐解读更受用户的青睐。

在新闻资讯领域，依靠标题吸引眼球的文章已经越来越没有市场了。专业化、有干货、有故事、贴近生活而不媚俗的文章逐渐成为受众推崇、追捧的对象。

这些变化都是内容消费的升级。我们要审时度势，根据流行趋势的变化，不断打磨内容，满足用户的需求，用内容赢得市场，引领消费。

无论如何，优质的内容总是稀缺的，而正是由于这种稀缺性，它才更为珍贵，更能在市场上获得关注和好评。如今，很多输出优质内容的媒体都获得了发展，得到了资本的青睐。例如，主打生活短视频的互联网新媒体"一条"就以优质、独特的内容收获了大量粉丝。

"一条"的定位偏高端，不做幽默内涵段子，专注于人们的生活方式，涵盖了生活、时尚潮流、文艺等内容。相对而言，"一条"的内容更有品位、有涵养、有文化、有档次、有艺术氛围，而这也成为其核心优势。

短视频平台"二更"也获得了数亿元的融资，打造出包括传媒、影业、教育、文创、公益、云平台的产业矩阵。"二更"坚持输出贴近生活、贴近观众的内容，以主流思想价值观为导向，弘扬社会正能量，暖心有温度。

"二更"制作的多部作品都获得了奖项。例如，《一张全家福》获得了第 25 届金鸡百花微电影大赛一等奖；《男生永远不会懂的终极难题》获得了金瞳奖金奖；《小交警的食欲战争》《洗车行的喜憨儿》入选优秀国产纪录片等。

由此可见，制作优质的内容会为公司带来粉丝，粉丝又会通过各种途径为公司带来丰厚的收益，这就是内容消费的意义。如今，内容消费的升级趋势明显，已经成为文娱行业的主流变现途径。打造优质的内容也是公司取得成功的重要因素之一。

增值服务指的是公司为用户提供比基础服务更高层次的内容或体验。增值服务可以给公司带来许多额外的利润,增加公司的收入来源。要想做好增值服务,应关注以下几点。

第一,要实现增值服务对用户的快速触达,要将其放在最显眼的位置上,提升曝光度,引导用户消费。例如,在素材搜集工具"印象笔记"上,用户只要在超过3台设备上同时登录,就会收到"升级账户类型"的提醒;知乎会在首页设置付费业务,如知乎Live、付费咨询等;一些直播平台会在首页开启打赏功能,便于用户打赏。

第二,要提升增值服务的吸引力,吸引用户消费。我们可以在增值服务中添加一些非常有趣的内容,或者通过价格对比显示出产品的优惠力度,让用户感觉到产品价格合理、性价比高,从而促进消费。

第三,要尽可能缩短用户购买增值服务的流程,方便用户消费。我们可以将购买操作统一到同一个页面上,让用户一键完成,无须等待。

第四,要鼓励用户推荐产品,让用户为产品代言。我们可以设置一些优惠规则,促使用户在使用增值服务后,主动在自己的朋友圈宣传,增加传播效果。

打造优质的内容和提供增值服务,是公司提升内容变现能力的重要手段,是智能文娱时代公司应该大力发展的方向。

场景娱乐的两大模式

场景娱乐主要有两大模式：马戏团模式和主题馆模式。

马戏团模式具备流动性和时效性，强调个性、创意、作品、主创团队等。美术馆的展览、新媒体的艺术作品、商场空间的周期性作品、沉浸式体验的电梯等都属于马戏团模式。

D'strict 团队创建了一个科技感十足的数字公园，利用各种互动设备打造了一个华丽多彩的交互空间，让成人和儿童都能沉醉于这个梦幻而有趣的地方。在这个数字公园中，游客可以感受到与海洋生物互动的乐趣。

主题馆模式具备固定性和地域性，强调品牌、系统、工程和综合实力等。环球影城、迪士尼乐园等都属于主题馆模式。

迪拜有一个 VR 主题公园，坐落于购物中心，占地面积达 7000 平方米。VR 主题公园与业内优秀的开发商合作，带给游客新奇的感受。Starbreeze 是 VR 主题公园的合作伙伴之一，为其提供了最好的 VR 设备，使游客获得自由漫步的 VR 体验。

整合营销之道

对于整合营销，笔者在前文中有过介绍。作为一种结合互联网、智能科技的营销手段，整合营销昭示着营销的未来发展方向，将成为公司提升变现能力与知名度的有力"武器"。

整合营销重在"整合",公司面对的对象是多样的,可以是渠道,可以是品牌,也可以是文娱业态。

在进行整合营销时,我们要做的是按照一定的逻辑将元素有效地整合在一起,使它们相互配合,相得益彰,发挥出各自的作用,使品牌能全方位触达粉丝,提升产品的影响力和变现能力。下面为大家介绍视频媒体平台爱奇艺的整合营销策略。

爱奇艺是百度旗下的视频网站,近几年发展迅猛,其已经构建了涵盖泡泡、奇秀直播、纳逗等各大 IP 业务资源的娱乐生态,并联动品牌、渠道、社交、电商、智能终端,实现站内站外多渠道一体化,打造出泛娱乐的消费场景。

此外,爱奇艺还拥有百度的技术优势,可以利用大数据,对各娱乐业态下的用户进行聚合,为电影和视频量身定制大流量入口。显然,这些"豪华配置"为爱奇艺的整合营销奠定了基础,提供了有力保障。

例如,爱奇艺利用自身的资源优势成功推出了网络电影特色专场"东方奇案季"。"东方奇案季"整合了 7 部电影,分别为《狄仁杰之幽冥道》《画皮师 2》《狄仁杰之蚩尤血藤》《御前法医大件作 2》《狄仁杰之异虫谜案》《开封降魔记》《狄仁杰之西域妖姬》。

首先,爱奇艺将 7 部电影整合在同一个主题下进行宣传。

在宣传造势上,爱奇艺根据这 7 部电影的风格,以"天机不可泄露"为主题，上线了一款专门以"东方奇案季"为核心的广告。爱奇艺将 7 部电影整合在一起，首创了"多片预约、联动营销"的整合营销模式，取得了很不错的成绩。

在营销配合上，爱奇艺整合 5 家制作公司，对 7 部电影进行统一规划。通常来说，网络电影的制作成本不是很高，所以营销成本也比较低，大概为 200 万元。在这种情况下，只有进行整合营销，才能在节约成本的前提下，使 7 部电影都得到更好的推广。

爱奇艺聚合了 7 部电影的主题和特点，抓取了每部电影中最有代表性的元素，进行统一编排，使其组团出击，集体造势，相互借力，共享用户，进一步增加了热度，为整个"东方奇案季"带来了持续的影响力和爆发力。

其次，爱奇艺整合了线上的营销渠道，并与线下联动，打造出立体的营销网络。

在线上，爱奇艺利用大数据对用户的观剧倾向和喜好进行画像，并通过预约、泡泡、社区、圈子、爱奇艺号等工具将"东方奇案季"的宣传海报和文案精准推送给有相关兴趣的用户，并在电影上线后不断制造相关话题，引发用户的热烈讨论。

在线下，爱奇艺基于用户画像，在潍坊、廊坊、开封等城市开展了 11 场定向路演，覆盖范围从新一线城市到四五线城市。在活动中，主办方不仅邀请制作方与观众互动，讲述幕后故事，还创新玩法，将电影中的情节和场景搬到现场，让观众参与"解谜互动"游戏，通过选取幸运谜牌解答谜题，充分调动观众的热情，获得了较好的传播效果。

通过爱奇艺打造"东方奇案季"的案例可以看出，整合营销本身也是一门艺术，需要营销人员根据自身的资源配置，发挥想象力，创新玩法，利用一切可以利用的资源，将优势最大限度地展现给用户，达到预期的目的。

零售型模式的生意经

对公司来说，用户的感性消费是可贵的，因为相比精打细算的理性消费，它更能带来丰厚的利润。而文娱作品恰恰可以引人入胜的内容、精彩刺激的感官体验感染用户，在情感上对用户产生很强的感召力和影响力。

这样一来，若公司能恰如其分地利用文娱作品的感召力和影响力，引导用户购买产品，往往就会获得感性消费，取得不错的销售成绩。这就是文娱零售型模式的基本理论支撑，也是很多公司都在使用的重要变现方式。

例如，"一条"就在通过优质的短视频沉淀了大量用户后，转型电商，并开设线下实体店，获得了年销售金额 10 亿元的成绩。此外，很多直播平台上的网红也通过开网店的形式，将自己的流量导入到电商平台上，以"网红经济+电商平台"的方式实现变现。

由此可见，在文娱产品中，不管是之前的文字、图文，还是当下流行的直播、短视频，其形式和业态可能有所不同，相应的营销策略也花样翻新，然而，其结合零售变现的基本方式和理念是不变的。下面我们以大麦网为例，进一步说明文娱IP结合零售变现的方法和技巧。

阿里巴巴在大麦网的基础上成立现场娱乐事业群，业务涵盖大麦网、MaiLive、麦座三项，目的是围绕"娱乐+零售"，利用科技手段，打造线上线下多种消费场景，拓展流量入口，助力文娱产品最大限度地提升变现能力，体现自身价值。

在阿里巴巴的助力下，大麦网成功组织了多项文娱活动，如大麦超现场、88会员年度群星盛典、淘宝造物节等，以帮助公司和品牌获得收益，实现共赢。

大麦网联合天猫国际推出的"妙物纪音乐节"开创了"现场娱乐+新零售"的全场景体验模式，既是一个以音乐为主题的娱乐盛典，又是一场品牌超级卖家秀。

在娱乐项目的设置上，大麦网在现场布置了"大麦微秀场""地心引力失效区""质量不守恒区""突破维度区""时空穿梭区"5个娱乐体验区。游客可以在"大麦微秀场"即兴演唱，一展歌喉；可以在"地心引力失效区"参与互动游戏，体验瞬间失重的感觉；可以在"质量不守恒区"的多维蜡像馆捏泥人；

还可以在"突破维度区"体验3D立体拍照。

此外,"巨型霓虹魔方""自拍即时贴"等现代艺术家创作的灯光艺术作品也加入活动现场,为音乐节增光添彩。

在明星演出方面,众多人气明星相继登台,演唱时下流行歌曲,引爆全场。精彩纷呈、瑰丽炫目的节目准确切中了粉丝的嗨点,为粉丝带来了一场别开生面的娱乐狂欢。

在充分调动粉丝热情的同时,大麦网将30多家世界知名品牌引入了会场,巧妙地将音乐元素与品牌相结合,进行了一次品牌的盛大展出。

大麦网设置了4个娱乐购物体验区,分别是展示美颜品牌的"漂浮广场"、展示美妆品牌的"立体小镇"、展示食品品牌的"奇幻市集"、展示各种时尚流行品牌的"时间游乐园"。粉丝可以在尽情游玩的同时,随意购买产品,体验"国际购物游"。

正如这次活动的名字一样,"妙物纪音乐节"就是将妙物纪与音乐节相结合,将零售与文娱相结合,以文娱产品的感染力带动销售,又将品牌的部分销售收入以广告费用等形式反哺文娱产品,提升文娱产品的变现能力。

这次活动融合了音乐、艺术、玩乐、潮物等多场景模式,丰富了线下音乐的品类,拓展了娱乐的发展空间。同时,大麦网通过这次活动,引导用户消费,提升用户的幸福指数。

除了将文娱与零售相结合，大麦网还致力于直接打造文娱产品的零售模式。例如，大麦网和优酷联手与CBA达成合作，球迷在通过优酷观看CBA直播时，就有机会获得大麦网提供的CBA现场观赛门票；球迷在大麦网上购买门票时，也可以直接跳转到优酷的直播页面，观看视频直播，获得"买票上大麦，直播看优酷"的联动体验。

大麦网通过打通直播与购票，将用户的看球体验与门票零售变现融合在一起。

如果说精心打造IP，养成IP，是在种一棵"摇钱树"，那么，零售变现便是从"摇钱树"上摘取"果实"的重要工具，是IP热度与实际收入的转换器。为此，我们在利用IP成功聚集粉丝后，就应该通过与品牌合作或者自己开发周边品牌等方式，采用技术，将IP带来的娱乐体验与零售模式紧密结合在一起，最大限度地获取IP给我们带来的收益。

数据的价值

数据对于一部文娱作品的价值显而易见，它能直观地反映这部文娱作品在用户中的口碑、受欢迎程度、市场销量等有价值的信息。此外，数据也是产品价值的有力证明，能为广大用户决定是否购买产品，以及IP开发者决定是否开发产品提供参考依据。

一部文娱作品如果拥有了完美的数据，就等于披上了一层华丽的外衣，拥有了一个美丽的光环，从而在激烈的竞争中脱颖而出。例如，电影《战狼》一上映，票房数据便接连打破纪录。在如此亮眼的票房数据的带动下，越来越多的人被吸引，加入到了观剧的热潮中，又进一步使电影更加火爆。众人拾柴火焰高，大家共同促进了爆款电影的诞生。

数据对于文娱产品的加持作用可见一斑。然而，数据只能客观地反映价值，而不能被改变。换句话说，我们不能通过数据作假的方式，制造作品受欢迎的假象，粉饰门面，吸引用户，这对其他文娱作品来说是不公平的，是不正当的竞争手段。

那么，数据就不能被我们利用了吗？答案显然是否定的。当下，随着大数据的应用，数据的意义已经变得更加多样化。一方面，大数据能帮助作者了解用户，并创作出更贴近用户，更受用户青睐的作品；另一方面，大数据能帮助营销人员有针对性地进行营销，使产品准确触达潜在的受众，提升产品的价值。

例如，风靡世界的电视剧《纸牌屋》就利用大数据洞察观众的喜好，对剧情进行有针对性的设计。《纸牌屋》的制作商 Netflix 是在线影片租赁提供商和视频播放网站，在美国拥有上千万名订阅用户。在 Netflix 的网站上，用户每天会产生 3000 多万个行为，包括暂停、回放、快进等，还会给出 400 多万个评分和 300 多万次搜索请求。

早在《纸牌屋》的立项筹备阶段，Netflix 就应用大数据对网站上的用户行为进行整理、搜集，最终发现点击率最高的是鬼才导演大卫·芬奇和男演员凯文·史派西，而最受欢迎的电影类型是"政治惊悚"。

于是，Netflix 决定斥资 1 亿美元，请来大卫·芬奇做导演，凯文·史派西担当主演，打造了新版的《纸牌屋》。其实仅从剧本的质量来看，《纸牌屋》并不超出同期的其他几部热门剧。不过在大数据的助力下，Netflix 掌握了用户的喜好，将主题聚焦，从而使该剧大受欢迎。Netflix 以大数据为指导，《纸牌屋》的剧本创作流程如图 8-2 所示。

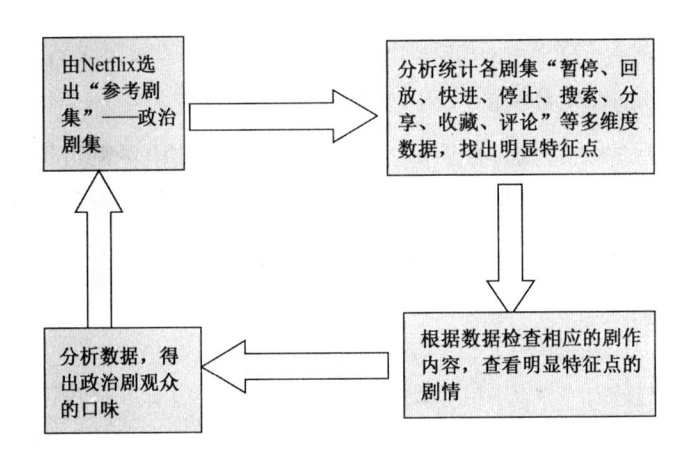

图 8-2 《纸牌屋》的剧本创作流程

在《纸牌屋》的宣传阶段，Netflix 应用大数据发现，大约 3/4 的用户会接受观影推荐，于是向标签为"喜爱凯文·史派西"或"喜爱政治剧"的用户推荐了该剧；Netflix 又发现逐周更新太过死板，不合时宜，于是在观剧高峰期的情人节上线了13集。

Netflix 在大数据的指导下，对宣传策略和更新方式进行了有针对性的设置，进一步提高了该剧的热度。《纸牌屋》的推广和更新流程如图 8-3 所示。

```
┌─────────────────────┐      ┌─────────────────────────┐
│ 3/4 的用户会接受     │ ───▶ │ 向标签为"喜爱凯文·史派西"│
│ Netflix 的观影推荐   │      │ 或"喜爱政治剧"的用户推荐 │
└─────────────────────┘      └─────────────────────────┘
┌─────────────────────┐      ┌─────────────────────────┐
│ 逐周更新的剧集发布   │ ───▶ │ 在情人节如约一口气放出13集│
│ 模式不合时宜         │      │                         │
└─────────────────────┘      └─────────────────────────┘
```

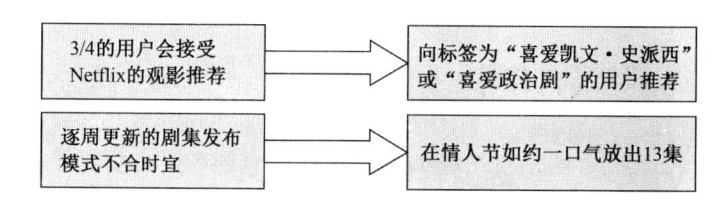

图 8-3　《纸牌屋》的推广和更新流程

对此，Netflix 的通信负责人乔纳森·弗莱德兰德说："我们知道人们正在 Netflix 上观看什么内容，而且根据人们的观看习惯，我们有能力去了解特定的一部剧集的受众可能有多少。我们想要继续为所有人提供内容。随着时间的推移，我们正越来越善于选择内容，能带来更高的观众参与度。"

正是在大数据的助力下，《纸牌屋》从北美市场出发，一路所向披靡，连续多年在全球范围内掀起收视狂潮。

《纸牌屋》的成功无疑引领了大数据在文娱行业应用的风潮。如今，很多影视公司都借助推荐引擎和大数据对受众进行画像，以受众的喜好作为一切工作的基础，制作令受众喜闻乐见的影视剧。

在智能文娱时代，大数据的应用将使数据的价值实实在在地体现出来，不仅可以反映作品的热度，还能帮助作品制造热度。只要我们合理地利用数据，挖掘数据的价值，以数据为工具，找准市场的"脉搏"，就能使产品更受欢迎，获得更多的回报。

智能文娱与校外教育

寓教于乐使相对枯燥的知识变得更有趣、更生动，使孩子在快乐的游戏中有所收获，丰富孩子的校外生活。随着人工智能和文娱的结合，人工智能具有的逼真的拟人交互能力和包罗万象的知识承载能力，文娱具有的娱乐性和趣味性，正好解决了校外教育的痛点，为校外教育的转型和创新翻开了新的一页。

如今，智能文娱在校外教育上的应用已经逐步成熟，未来会蓬勃兴起，成为一个新的风口，值得每一个公司的领导者重点关注。

1. 教育机器人

教育机器人是以激发学生的学习兴趣，培养学生的综合能力为目的的智能机器人，可以成为学生的良师益友和亲密伙伴。

美国的科技公司 Elemental Path 推出了一个名为 CogniToys Dino 的早教机器人。这个机器人具有高度的拟人化特点，可以与孩子对话，并在孩子提出问题时自动连接网络，搜索问题的答案。而且它还能在与孩子交流的过程中，不断了解孩子的个性，更改对话的方式，使自己贴近孩子的喜好，受到孩子的欢迎。

知名的智能语音厂商科大讯飞推出了阿尔法大蛋机器人。在拟人化方面，这款机器人搭载了淘云TY OS系统，拥有"类人脑"，其理解能力、表达能力、智商都会在与孩子的交流沟通过程中不断提高。它可以逐步了解孩子的需求，从而为孩子提供喜欢的内容，真正成为伴随孩子一起成长的小伙伴。

与一般机器人不同，这个机器人能利用强大的语音识别技术，准确地识别每一个家庭成员的声音。用户只要根据提示，在这个机器人上建立声纹识别档案，输入自己的昵称，它就会在每一次与用户见面时认出用户，与用户进行个性化交流。

在校外辅导方面，这个机器人的功能也非常强大。它涵盖了1～9年级双语同步教材，还能辅导孩子学习英语，纠正孩子的英语发音。这个机器人还有作业宝典、趣味学习、名师课堂、知识拓展4个板块，帮助孩子进一步巩固知识。

此外，利用阿尔法大蛋机器人，我们还能进行多人视频通话。例如，孩子只要说一声"我想见爸爸"，这个机器人就能开启爸爸与孩子之间的视频通话；家长也可以利用这个机器人对孩子进行远程实时监控。阿尔法大蛋机器人还拥有海量的视频和音乐资源，任孩子尽情使用。

阿尔法大蛋机器人已经获得有"产品设计界奥斯卡"之称的"iF 国际设计奖"，还参加了北京老舍茶馆的舞台剧演出，成功饰演"狗蛋儿"一角，给观众带来新鲜的观剧体验。多项荣誉的加持使阿尔法大蛋机器人成功俘获了家长的芳心。

2. 基于 VR、AR 的场景式教育

VR、AR 等技术能构建三维虚拟空间，使书本上的知识"活"起来，并生动、立体地展现在我们的面前。这无疑给校外教育拓展了一个新的方向，带来了无尽的想象空间。

一家位于爱尔兰的 VR 教育公司 Immersive VR Education 推出了旗舰产品——"阿波罗 11 号 VR"。孩子们只要戴上 VR 眼镜，就可以看到阿波罗 11 号登月的过程。

一家名为"Alchemy VR"的科技公司与 BBC 纪录片团队合作，打造出了一款 VR 产品"大堡礁之旅"，可以让孩子"潜入"澳大利亚湛蓝的大海中，领略大堡礁多彩旖旎的海底风光，了解珊瑚礁的生长过程和生态环境。

此外，一些科技馆和博物馆也利用 VR、AR 对青少年进行科普教育，如英国国家自然博物馆、澳大利亚悉尼博物馆、旧金山现代艺术博物馆、西班牙国家考古博物馆等。

VR、AR 在校外教育领域的应用前景十分广阔，包括虚

拟导师、个性化学习、基于编程的科技教育等。未来，随着智能科技的发展，更多的应用和场景会涌现出来，我们需要认真探索，根据市场需求不断推出新产品，丰富孩子的校外生活。

第9章

智能文娱的人才梯队建设

比尔·盖茨说:"如果把微软的20个顶尖人才挖走,那么微软会变成一家无足轻重的公司。"其实,每个公司的背后都有优秀的骨干人才努力奋斗的身影。尤其在智能文娱时代,公司要想搭上发展的快车,积极拥抱智能科技,实现转型,就必须完善人才梯队建设,引进掌握先进知识和具有先进运营理念的人才。本章就向大家介绍公司中应有的超级人才。

超级制片人

制片人的工作通常都是极具挑战性的,

因为制片人是剧组的领导者和决策者。对外，制片人要分析市场行情和观众的心理喜好，敲定剧本；要说服投资者，为项目注入足够的资金；要负责发行，保证项目能收回成本，从而盈利。对内，制片人要与导演通力合作，协调影片拍摄的各个环节，统筹管理各项开支。

可以说，凡是与影视剧相关的重大决策基本都要由制片人做主。如果影视剧在上映后大火，获得了极好的销量，制片人固然可以因此声名远扬；但如果影视剧籍籍无名，没有获得预期的收益，没有为投资者收回成本，制片人则要承担责任。

这就好像行军作战，制片人作为主帅，要有运筹帷幄、决胜千里的头脑；要有指挥若定的气度；要通过一系列英明的决策，使影视剧大卖，赢得观众，赢得市场。如今，随着智能科技的应用，很多制片人纷纷转型，开始借助智能科技完善自己的工作，提升效率。

不过，作为超级制片人，我们不能一味地依赖智能科技。因为智能科技总要求我们尽可能地迎合观众的需求，但是彻底、面面俱到地迎合观众，往往意味着平庸。如今，在使用大数据洞察观众成为潮流时，市场上的很多影视剧可能都是大数据打造出来的"模块产品"，是同一个味道的"小甜点"，而并非出自制片人的"美味大餐"。

所以，一个超级制片人不应该是智能科技的奴隶，而应该是智能科技的主宰，应该充分利用自己丰富的经验和睿智的头脑合理决策，创作出不仅叫座，更要叫好的经典作品。下面，笔者抛开智能科技，介绍超级制片人应该具有的素质。

1. 超级制片人应有精品意识

超级制片人在敲定一个剧本前，会以什么为出发点呢？仅仅是销量吗？显然不是，超级制片人的出发点应该是打造精品。所谓精品，就是那些内容精彩纷呈，情节引人入胜，题材意义深远，能在社会上引起巨大反响的作品。

其实，精品的推出必然意味着好的销量，当一个剧本可以让制片人拍手叫好时，往往也会获得观众的青睐。但销量好的影视剧却未必都是精品。对销量和精品主次关系的选择，决定了一个制片人的眼光和高度。

例如，金牌制片人侯鸿亮打造的电视剧《闯关东》《生死线》《北平无战事》《伪装者》《琅琊榜》《欢乐颂》《知否知否应是绿肥红瘦》《温州一家人》都是霸屏一时、引起广泛反响的精品。可以说，他和他的制作团队已经成为精品的代名词。

侯鸿亮之所以能够拍出如此多经典的电视剧，是因为他有着强烈的精品意识，对于一个剧本的挖掘有着自己独到的想法和见解，总是能以敏锐的目光发现剧本中蕴含的价值。此外，在电视剧的拍摄上，他不会因为亏本而舍弃重要的环节，也不会为了省钱而削减成本。

侯鸿亮在拍完《琅琊榜》后获得了很高的声望,各行各业的人蜂拥而至。在一个多月的时间里,他每天要见很多人,收获了大量的人脉,拥有了制片人梦寐以求的资源。然而,他很快发现这样的安排已经使自己的工作偏离了轨道。于是,他"任性"地换了手机,切断了很多与外界的联系,以一个平稳的心态,心无旁骛地去看别人推荐给他的小说,阅读史料。

制片人也是普通人,只能把精力聚焦在一点上,明确自己要做什么工作,并不顾一切地将工作做好。制片人必须做好的工作就是打造精品,这是他们理应具有的精品意识。他们既是制片人,也是创作者,他们要坚持用自己的作品去记录一个时代。

2. 超级制片人应该具有坚强果敢的性格和勇往直前的冒险精神

在当下的影视剧行业,创新往往意味着风险,可能不受观众的欢迎。投资者往往只在乎自己的投资是否会获得预期的回报,所以他们大多只会投资曾经成功过的、较为成熟的题材,而不会去关注可能拥有较大市场前景的创新作品。

在这样的大环境下,一个超级制片人与普通制片人的最大区别就是,超级制片人拥有冒险精神,在优秀剧本和投资者意见的选择上往往会倾向于前者,甚至当他们与一部创新作品一拍即合时，他们会排除万难、力排众议来打造这部作品，这根植于他们对作品的热爱。

《人民的名义》创造了收视率超过8%的优异成绩，打破了10年内国产电视剧的最佳收视纪录。然而这部电视剧在筹拍之初，却曾因为题材过于敏感，没有投资者愿意投资。制片人高亚麟出于对作品的热爱，以及对导演李路和编剧周梅森的信任，顶着巨大的风险，自己拿出4000万元弥补资金的缺口，而这4000万元几乎是高亚麟的全部身家。

对于此次豪赌，我们已经不能单纯地将其归结于敏锐的市场嗅觉，而是一份情义，一份对于好作品的热忱。在智能科技的浪潮中，作为一个作品的顶层设计者，制片人要做的是坚守，坚守一份理想，坚守一份对事业的热情。

超级制片人不应刻意打造一个套现的作品，而应在作品中注入自己的感情，把最真挚的情感传递给大众，还原一个作品应该有的价值。

超级策展人

策展人也叫展览策划人，是指在各种展览中负责布局和场景设计的专业人员。展览策划在很多人眼里可能就是对展品进行简单的摆放和布置，然而事实绝非如此。观众来参观展览，既是来欣赏艺术品，也是来体验艺术氛围。

对艺术氛围的营造完全取决于策展人的设计和构思。因此，展览策划本身也是一门艺术，我们要把众多艺术品以一种巧妙的方式结合在一起，使其相互映衬，相互补充，升华其本身的艺术表现力。从这个角度来讲，策展人也应该是一个会讲故事的人，需要有极高的艺术修养和鉴赏能力，还要运用自己掌握的各种技术，通过对场域的构建，对感官的把控，对观众情绪的引导，向观众传达一种文化、一种理念、一种风尚、一种鲜明的艺术气息。

对策展人来说，每一个展馆都是一个艺术作品。他们要将自己的想法融入场景中，再通过场景将其传达给置身其中的人们。这种感染力可能要比单纯的艺术品更震撼，更强大。

由此可见，一个超级策展人应该是一个博学多识，有着深厚文化底蕴的艺术家。在智能文娱时代，随着交互式技术的大量应用，超级策展人对场景的设计手法将进一步升级，并已经开始向打造沉浸式场景的方向转变。

下面我们来看看由超级策展团队 GeeksArt 千核科技打造的、被路透社等多家海外知名媒体报道的展览——"每当星辰变幻时"。在这次展览中，GeeksArt 团队通过对声光布景和大量交互式智能感应设备的应用，在 1500 平方米的展馆中打造出 10 个美轮美奂的梦幻空间。此外，GeeksArt 团队还设计了各种仿佛穿越隧道般的通道，将每个空间巧妙地连接起来，使其融为一体，给观众带来一场梦幻之旅。

观众首先步入的是"知觉之门"。"知觉之门"借鉴了脑神经科学及医学催眠的原理，辅以心跳声，使观众进入一个潜意识活跃的冥想状态，暗示着他们会在各种维度的交织变幻中，走向一个充满未知的世界。

在黑暗通道的尽头，大门开启，作品《无相之象》呈现在观众的眼前。这个作品打破了时间和空间的界限，向观众暗示平行宇宙的存在。观众可以在空间中看到无数个自己，并在浩瀚的星空中感受到个体的渺小，进而敞开怀抱，放下心中的执念，探索更辽阔的宇宙。

在接下来的《夜光丛林》中，观众可以看到漫天飞舞的萤火虫、生命之树和植物生长的神经脉络，就像进入了《阿凡达》中的潘多拉星球。它启迪观众去探索神秘而古老的生命源泉，引导观众敬畏自然和生命。

在作品《流》中，观众会得到一个发光的手环，这个手环只要触碰到"水滴"，就会产生光影波纹，泛起五彩涟漪，与其他观众散发的光影相互交织、渗透，营造出一个多彩迷离的梦幻景象。这样的设计揭示了人与人之间沟通的意义。

在《你眼中的永恒》中，观众会置身爱琴海的沙滩上，观赏日出、日落的美景。对于这种壮美的景色，观众也许只是匆匆一瞥，却会留下难忘的记忆。

作品《觅象》以传统漆画为创作基础，以数字化媒体为手段，让观众在流动的山水中感受"天人合一"的理念。

作品《宇宙之瞳》利用多彩梦幻的穹顶，为观众构筑了一个迷幻的殿堂，使观众放松身心，放飞无尽的想象力，超脱凡尘，游离于世界的边缘。

作为一个经验不是很丰富的团队，GeeksArt 团队以深厚的文化造诣和丰富的艺术表现手法，策划了多次展览，在业内享有盛誉，获得了包括《世界新闻报》、*Digital Journal* 等海外知名媒体的盛赞。该团队的作品更是被路透社称为"科技与艺术的奇幻梦境"。

GeeksArt 团队还在世界高塔——哈利法塔上打造了一场 LED 灯光秀，使自己的灯光艺术闪耀在迪拜的上空，获得了 *Gulf News*、韩国 SBS 电视台等全球多家知名媒体的报道，并在国内外的社交媒体上得到了超过千万次的传播。

艺术创作的道路是永无止境的，一个超级策展人要做的是跟上时代的脚步，锐意进取，采用最先进的技术，将自身的才华和情怀，通过对场景的布置和氛围的营造展现给观众，为观众带来深刻、感动、震撼的艺术体验。

超级游戏架构师

在一家游戏公司中，游戏架构师的工作是异常重要的，其主要负责游戏世界观的架构、背景故事的编写、职业角色的设置，以及生存体系、升级体系、界面系统、操作系统的规划。其在游戏团队中的角色相当于编剧和执行导演，决定了一款游戏的基本调性和可玩性。

可以说，游戏架构师就是游戏世界的造物主。一款游戏的成功与否在很大程度上取决于游戏架构师能力的强弱。那么，一个超级游戏架构师需要具备哪些能力呢？

首先，超级游戏架构师必须热爱游戏。只有热爱游戏，他才能以一个玩家的角度和心态去分析游戏、体验游戏，更好地比较市面上各种游戏的优缺点，确保自己构建出的游戏迎合市场的需求，受到玩家的欢迎。

其次，超级游戏架构师必须涉猎广泛，要有深厚的文史知识和天马行空的想象力。作为游戏世界的缔造者，游戏架构师应该是无所不能的。例如，如果要做一款武侠类游戏，那么就要熟悉各个门派的武功、功法、兵器等特点；如果要做一款机甲类游戏，那么就要了解机械、能源、武器、空间、科技等方面的知识。只有这样，才能使自己设计的游戏贴近现实，符合常理，得到玩家的认同。

超级游戏架构师还要用自己的知识丰富游戏的内涵。他需要在每一个场景、每一个操作细节中，用独有的匠心和慧眼，设计出各种饱含着深刻内涵或典故的环节，以此增加游戏的可玩性，使游戏拥有深厚的文化底蕴和强大的吸引力。

再次，超级游戏架构师必须有缜密的逻辑分析能力和一定的写作能力。从故事背景的设计构思上看，游戏架构师与小说家、漫画家是相通的，都需要有缜密的逻辑思维能力，要善于编故事，善于刻画人物，能使情节有张力，引人入胜。

最后，超级游戏架构师还要有较强的表达能力和组织能力。一款游戏的制作不是由游戏架构师一个人完成的，而是需要整个团队相互配合。

游戏架构师在设计好一个游戏的世界观和细节后，就要与其他成员，诸如美工、编程人员等进行沟通，把设计方案传达给他们。在制作游戏的过程中，可能会产生很多困难，此时游戏架构师就要与其他成员进行协调，大家团结协作，共同打造好游戏。

由此可见，超级游戏架构师应该是"带头大哥"，是游戏行业中炙手可热的人才。在当前市场流行的游戏中，都蕴含着超级游戏架构师的创意和灵感。下面我们介绍一下著名的国产单机游戏《古剑奇谭三：梦付千秋星垂野》的架构。

《古剑奇谭三：梦付千秋星垂野》是由上海烛龙信息科技有限公司研发的。游戏架构师在设计这款游戏时，一如既往地延续了《古剑奇谭》前两款游戏缠绵悱恻的爱情主题和唯美的画风，在世界观和剧情的设定上也对前两款游戏进行了承接，又有所发展。

具体来说，在世界观的设定上，游戏架构师设置了天界、地界、人界，以及散布在三界内外的魔域和空间罅隙；设置了十洲三岛、七十二福地，使之成为天地间灵气最鼎盛的地方；还设置了神、魔、灵、人、兽、仙、妖、鬼 8 种不同的物种。

在背景故事的设定上，游戏架构师以记述志怪的古籍《山海经》为基础，设置了极为详尽的古剑年表，包括鸿蒙时代、太古时代、上古时代、神隐时代，并在每个时代中设置了不同的阶段，又将神魔相争的宏大而复杂的故事背景在每个阶段中依次扩展开来。

《古剑奇谭》系列游戏都是在一个宏大的纪元年表中选取背景的。

《古剑奇谭一：琴心剑魄今何在》的背景来源于太古时代太子长琴与水虺悭臾的友情。

《古剑奇谭二：永夜初晗凝碧天》的背景来源于上古时代不周山天柱崩塌，天地浩劫，众神为补天，致使烈山部人孤守流月城，留下遗患。

《古剑奇谭三：梦付千秋星垂野》的背景来源于上古时代，人族在轩辕丘遭遇魔族的欺凌，人魔相斗留下一段孽缘。

这三款游戏都是以天神伏羲击败蚩尤，蚩尤后裔龙渊部落为复仇打造的 7 柄凶剑为线索的，一脉相承。此外，游戏架构师还独创了"三魂七魄说""铸魂术"等理论，并且在角色的名称上都颇具匠心。

在剧情编排上,《古剑奇谭三:梦付千秋星垂野》延续了《古剑奇谭》前两款游戏设定的 4 个主角。在故事中,男主角北洛活了两世,在这两世中都与女主角云无月相爱相守,共历磨难,使一段爱情横跨了 4000 年,昭示着海枯石烂,真爱永恒的主题。

游戏架构师用深沉厚重、饱含着沧桑巨变的历史背景,向玩家传递天地永恒、个体渺小的观点,又通过对主角身世、个性进行细腻刻画,展现他们为爱相守,与天地抗争,与宿命抗争,不屈不挠的斗志和决心。这种强烈的反差对比,使主题得到升华,感人至深。

游戏架构师对游戏世界中的每一个细节都精雕细琢,还设计出很多新奇的物件,让神秘、有趣的新势力登场,如星工辰仪社、博物学会等。无论玩家以什么样的心态和目的来玩游戏,都会深陷其中,欲罢不能。

作为一款承上启下的游戏,《古剑奇谭三:梦付千秋星垂野》不仅继承了《古剑奇谭》前两款游戏的优点,还有所突破,在剧情设计上又为后续作品埋下了伏笔,给玩家带来更多的想象空间,成为一款热门游戏。这一切都是优秀的游戏架构师的智慧结晶。

游戏是朝阳产业,有着广阔的发展前景。超级游戏架构师作为游戏的创始者，是一款游戏的核心竞争力，是顶尖人才，未来必将扮演更重要的角色。

超级艺术家及超级工程师

行业的发展对于超级艺术家及超级工程师的需求非常强烈。因为创造性的工作是人工智能暂时无法替代的，人的因素在其中占据主导地位。智能文娱的发展面临的最大竞争就是人才的竞争。

所谓超级艺术家、超级工程师，就是在新教育观的培养下诞生的新人类。传统的数理化教育和艺术教育往往很难塑造这类创意性人才。人工智能无法替代具备综合学科能力的人才。在智能科技的助力下，艺术家的表现手法将更多样化，其作品的艺术性和感染力也会有巨大的提升。艺术家会变身超级艺术家，用立体、动感的场景式作品给观众带来美的享受。

作为智能科技的标志之一，VR 构建的虚拟世界将会成为艺术家新的创作媒介和平台。因此，负责构建 VR 世界的工程师会成为艺术家的得力助手。工程师的工作会与艺术家的创作相辅相成，甚至结合在一起，帮助艺术家放飞自己的想象力，创作出多姿多彩的作品。

下面以 VR 游戏 *Beat Saber* 的创作团队为例，介绍该团队中的超级艺术家和超级工程师。*Beat Saber* 是一款光剑打击类

VR游戏。在游戏中，玩家戴上VR眼镜，随着音乐挥动手中的光剑，击打不同颜色的方块，并躲避迎面而来的墙壁。

这款游戏操作简单，一经问世，便受到了欢迎，成为一款现象级游戏。它的制作团队名叫Hyperbolic Magnetism，主要成员是扬·伊拉夫斯基和弗拉基米尔·希林卡。

扬是一个以音乐为梦想的"码农"，在高一时就离开了家乡，学习编程。然而他在大学期间没有将精力全部放在学习上，而是组建乐队，玩起了音乐。但在毕业后，为了生计，他又不得不成为一个"码农"。与扬不同，弗拉基米尔则是一个疯狂迷恋二次元的宅男，擅长编程。

苹果公司向开发者公开苹果手机的应用开发包，上线了App Store，此举使得游戏的开发不再是游戏厂商的特权。扬和弗拉基米尔得知这个消息后，觉得机会来了，于是便都辞掉了工作，雄心勃勃地开了一家游戏公司Hyperbolic Magnetism。

这家公司虽然被称为公司，但实际上只有扬和弗拉基米尔两个人，而且也没有具体的办公地点。他们每天的工作是早上打电话开会，然后便待在家里做自己的工作。即使如此，这家公司还是支撑了近10年。在这期间，他们有过成功，但更多的是失败。

后来，他们开发了一款名为*Lums*的游戏，这是一款基于物理效果的解谜游戏，画面绚丽，有不少特效。但是在上线后不久，该游戏便遭到了众多玩家的嘲讽。这些玩家认为该游戏只是《愤怒的小鸟》的山寨版，毫无新意可言，纷纷打出了1星差评。

玩家的挖苦和指责严重打击了扬和弗拉基米尔的信心，甚至让他们产生了放弃开发游戏的念头。在经过一段时间的深思熟虑后，他们最终顽强地坚持了下来。随后，VR开始进入应用阶段，这项技术创造的虚拟世界为他们打开了一扇通往成功的大门。

他们发现虚拟世界就像一个美丽的伊甸园，有着取之不尽的果实，有着可以让他们肆意展现自己才华和创造力的巨大空间。这让他们十分兴奋、着迷。于是，他们又满怀热情地投身到了VR游戏的开发工作中。

在经历了长达4个月的等待后，扬拿到了VR设备，在第一时间开始了工作。他仔细研究了当时市场上主流的VR游戏，比较它们的优缺点。忽然，一个灵感涌进他的脑海中，那就是在这个宽阔的平台中将自己的音乐梦想与游戏结合起来，做一款VR音乐游戏。

很快，制作 *Beat Saber* 的工作开始了。起初，扬对 *Beat Saber* 的框架进行了梳理，确定了开发的方向。弗拉基米尔在忙完了公司另一款游戏的设计后，也加入到了 Beat Saber 的开发中来，负责画面、操作、UI 等底层工具的构建工作。

经过 4 个月的辛勤忙碌，他们做出了 Beat Saber 的第一个版本，并将视频发布在 Facebook 上，让布拉格当地的玩家观看。虽然视频没有收获较多的观看量，但反响不错，一些玩家给出了鼓励和祝福，希望他们能把游戏做下去。

这个版本的游戏成功引起了一位音乐人的注意，这位音乐人名叫雅罗斯拉夫·贝克，是非常有名的音乐制作人。雅罗斯拉夫在看到视频后，马上给扬打了电话，言辞中难掩兴奋，"我看到了你们的视频，想要为你们的游戏制作音乐，这样一定会非常棒。"

雅罗斯拉夫和扬一拍即合。于是，Hyperbolic Magnetism 游戏公司终于在成立了近 10 年后，迎来了自己的第三名员工。后来，历经一年半的研发，Beat Saber 正式完成了。扬和弗拉基米尔在开发的过程中参考了很多热门的 VR 游戏，如《音盾》《暴走甲虫》、Super Hot、Raw Data 等。针对这些 VR 游戏的缺陷，他们在 Beat Saber 中做了很多改进，又集众家之所长，使其成为 VR 游戏的集大成者。

Beat Saber 一经推出，便迅速引爆了市场，首日销量就达到 1000 份，首周销量达到 5 万份。目前，这款 VR 游戏已经在世界各地流行起来。在国内,其中文名字被定为《节奏空间》,由网易代理。*Beat Saber* 的火爆为 VR 游戏市场注入了一剂强心剂,重新提振了许多游戏开发者的信心。

在 Hyperbolic Magnetism 团队中,扬是设计师,雅罗斯拉夫是艺术家,弗拉基米尔是工程师。在 VR 的助力下,他们密切协作,发挥各自的才华和能力,一起打造出一款火爆全球的作品,最终功成名就,成为超级艺术家和超级工程师。

由此可以看出,天赋、坚持、协作、点滴的汗水都非常重要。当我们拥有了这些以后,离成功也许只有一步之遥了。

未经许可，不得以任何方式复制或抄袭本书之部分或全部内容。
版权所有，侵权必究。

图书在版编目（CIP）数据

智能文娱：泛娱乐思维与变革 / 刘婷婷著. —北京：电子工业出版社，2021.7
ISBN 978-7-121-41493-0

Ⅰ.①智… Ⅱ.①刘… Ⅲ.①人工智能－应用－文娱活动－产业发展－研究
Ⅳ.①G241.3-39

中国版本图书馆 CIP 数据核字（2021）第 132455 号

责任编辑：黄 菲　　文字编辑：刘 甜　　　特约编辑：刘广钦　曹红伟
印　　刷：三河市鑫金马印装有限公司
装　　订：三河市鑫金马印装有限公司
出版发行：电子工业出版社
　　　　　北京市海淀区万寿路 173 信箱　邮编：100036
开　　本：720×1 000　1/16　印张：13　字数：180 千字
版　　次：2021 年 7 月第 1 版
印　　次：2021 年 7 月第 1 次印刷
定　　价：78.00 元

凡所购买电子工业出版社图书有缺损问题，请向购买书店调换。若书店售缺，请与本社发行部联系，联系及邮购电话：（010）88254888，88258888。
质量投诉请发邮件至 zlts@phei.com.cn，盗版侵权举报请发邮件至 dbqq@phei.com.cn。
本书咨询联系方式：1024004410（QQ）。